Nadine Kämper

Konzeption einer E-Learning Workbench für die Fach

Konzepte und Modelle zur Unterstützung der WBT-Entwicklung an Hochschulen

Bibliografische Information der Deutschen Nationalbibliothek:

Bibliografische Information der Deutschen Nationalbibliothek: Die Deutsche Bibliothek verzeichnet diese Publikation in der Deutschen Nationalbibliografie; detaillierte bibliografische Daten sind im Internet über http://dnb.d-nb.de/ abrufbar.

Copyright © 2003 Diplom.de
Druck und Bindung: Books on Demand GmbH, Norderstedt Germany
ISBN: 9783838677712

Nadine Kämper

Konzeption einer E-Learning Workbench für die Fachhochschule Düsseldorf

Konzepte und Modelle zur Unterstützung der WBT-Entwicklung an Hochschulen

Diplom.de

Nadine Kämper

Konzeption einer E-Learning Workbench für die Fachhochschule Düsseldorf

Konzepte und Modelle zur Unterstützung der WBT-Entwicklung an Hochschulen

Diplomarbeit
Fachhochschule Düsseldorf
Fachbereich Medien
Abgabe Dezember 2003

Diplom.de

Diplomica GmbH
Hermannstal 119 k
22119 Hamburg

Fon: 040 / 655 99 20
Fax: 040 / 655 99 222

agentur@diplom.de
www.diplom.de

ID 7771

ID 7771
Kämper, Nadine: Konzeption einer E-Learning Workbench für die Fachhochschule Düsseldorf · Konzepte und Modelle zur Unterstützung der WBT-Entwicklung an Hochschulen
Hamburg: Diplomica GmbH, 2004
Zugl.: Fachhochschule Düsseldorf, Fachhochschule, Diplomarbeit, 2003

Diplomica GmbH
http://www.diplom.de, Hamburg 2004
Printed in Germany

Inhaltsverzeichnis

1 Einleitung und Motivation

„Wisdom is not a product of schooling but of the life-long attempt to acquire it. "

--Albert Einstein

Lebenslanges Lernen gewinnt mehr und mehr an Bedeutung, denn die Halbwertszeit des Wissens sinkt immer weiter. Vor allem in der IT-Branche beträgt sie gerade mal 2 Jahre. Bedingt ist dies durch rasante technische Entwicklung, die sich in ständig neuen Programmversionen und neuer Hardware manifestiert. Dahinter steckt die Aussage, dass Informationen zu einem extrem wichtigen Wirtschaftsgut werden. Moderne Informations- und Kommunikationsmedien verändern Verfügbarkeit, Verarbeitung und Gültigkeit des Wissens. Kenntnisse und Fähigkeiten müssen daher ständig aktualisiert und ergänzt werden. "Just-In-Time-Learning", als eine Lösungsmöglichkeit zum Erhalt notwendiger Kenntnisse, soll eine Wissensüberfrachtung vermeiden und gleichzeitig für die Aneignung von aufgabenbezogenem Wissen sorgen. Computergestützte Lernmedien stellen hier eine sinnvolle Ergänzung zu traditionellen Seminaren in der Aus- und Weiterbildung dar, denn sie können Lernenden 24h pro Tag zur Verfügung stehen. Lernende kann genau dann auf benötigtes Wissen zugreifen, wenn sie es brauchen. Aber auch wirtschaftliche Aspekte spielen eine wichtige Rolle. Mit der Zeit und steigender Nutzerzahl sind computergestützte Lernmedien günstiger als Präsenz-seminare. Allerdings sind die Anfangsinvstitionskosten zur Entwicklung der benötigten Lernmedien meist recht hoch. Dennoch kann sich der Einsatz solcher Medien lohnen. Deren Verwendung im Lernprozess fallen unter den Begriff E-Learning, welcher im nächsten Abschnitt näher erläutert wird.

1.1 Was ist E-Learning?

E-Learning ist Lernen, welches durch Informations- und Kommunikationstechnologien bzw. darauf aufbauenden E-Learning Systemen unterstützt bzw. ermöglicht wird. (vgl. [Back2002] S.52)

Wichtig ist, dass diese Technologien mit dem Lernprozess selbst unmittelbar verbunden sind und nicht nur rudimentäre Hilfsmittel darstellen. Das Bedienen eines Office-Programmes zum Schreiben eines Aufsatzes fällt demnach nicht unter E-Learning.

Unter E-Learning Systemen können z. B. folgende Medien und Technologien verstanden werden:

- Lernprogramme auf CD-ROM und DVD

- webbasierte Lernprogramme

- webbasierte Kurse mit kollaborativen Räumen

- Lern- und Wissensportale mit heterogenen Inhalten

- Plattformen mit integrierten Systemen, die Kompetenzprofile erheben und individualisierte Kursangebote erstellen

(vgl. [Back2002] S.52)

1.2 Begriffsbestimmungen im E-Learning Umfeld

E-Learning basiert auf speziellen Einsatzkonzepten, zugrundeliegenden Technologien, typischen Lernmedien und Werkzeugen zur Distribution und Erstellung von Lerninhalten. Diese werden in den folgenden Ausführungen näher erläutert.

Blended Learning

Blended Learning Konzepte verfolgen hybride Lernarrangements, die aus einer Kombination von verschiedenartigen Lernmethoden und -maßnahmen bestehen, wobei stets E-Learning Ansätze vorhanden sind. (vgl. [Back2002] S.30)

Vereinfacht dargestellt ist Blended Learning eine Mischung aus Präsenzlehrveranstaltungen in Gruppen und virtuellen Selbstlernphasen.

Diese Form von E-Learning findet in Bezug auf Hochschulen vor allem an Präsenzhochschulen Anwendung.

Learning Management System (LMS)

Ein Learning Management System ist eine serverbasierte Software, über die via Internet oder Intranet den Benutzern Lerninhalte zur Verfügung gestellt werden. Diese Software dient außerdem der Organisation und Betreuung webbasierten Lernens. Eine andere gängige Bezeichnung ist Lernplattform. Sie muss auf einem zentralen Server mit Anbindung an das Internet installiert sein und kann mit einem Client-Rechner über einen Webbrowser erreicht werden. Die im Webbrowser sichtbare Schnittstelle zum LMS stellt das Lernportal dar, welches je nach Zugehörigkeit des Nutzers zu einer auf dem LMS eingerichteten Nutzergruppe unterschiedlich aussehen und verschiedene Funktionalitäten aufweisen kann.

Webbasierte Lehr- und Lernumgebungen verfügen nach Schulmeister (vgl. [Schul2003] S.10) typischerweise über 5 Funktionsbereiche:

– Eine Benutzerverwaltung (Anmeldung mit Verschlüsselung)

– Eine Kursverwaltung (Kurse, Verwaltung der Inhalte, Dateiverwaltung)

– Eine Rollen- und Rechtevergabe mit differenzierten Rechten

– Kommunikationsmethoden (Chat, Foren) und Werkzeuge für das Lernen (Whiteboard, Notizbuch, Annotationen, Kalender etc.)

– Die Darstellung der Kursinhalte, Lernobjekte und Medien in einem netzwerkfähigen Browser"

Web Based Training und Computer Based Training

Unter Computer Based Training (CBT) versteht man Offline-Lernangebote. Web Based Training (WBT) bezeichnet die netzgestützte Form des Fernlernens mit und ohne Betreuung durch Tutoren.

Die über ein Lernportal präsentierten WBTs sind oft ganze Kurse bzw. Lernprogramme. Die Lernenden bearbeiten selbstständig in Interaktion mit der Lernsoftware Lernmaterialien. Sie können gemäß ihres Kenntnisstandes Informationen in didaktisch aufbereiteter Form als Lerneinheiten abrufen und werden mit Interaktionsmöglichkeiten unterstützt. Der Computer übernimmt dabei einen Part der Lerndialoge, die Wissensüberprüfung und eventuell die Steuerung des Lernprozesses. Es wird zwischen Offlinekursen und webbasierten Kursen unterschieden, wobei Offlinekurse nicht über ein Lernportal präsentiert werden. (vgl. [GL2001])

Autorenwerkzeug

Ein Autorenwerkzeug oder auch Autorensystem ist eine softwarebasierte Anwendung mit deren Hilfe Lerninhalte und Tests erstellt werden können. (vgl. [Back2002] S.25)

In Abhängigkeit vom Einarbeitungsaufwand lassen mehrere Klassen von Autorensystemen unterscheiden (Einarbeitungsaufwand absteigend):

- professionelle Werkzeuge mit eigener Programmiersprache wie Authorware von Macromedia (http://www.macromedia.com) oder Toolbook von Click2Learn (http://www.click2learn.com)

- HTML-Editoren und andere Web-Editoren mit denen nach Installation von Plug-Ins E-Learning Inhalte erstellt werden können wie z.b. Dreamweaver und Flash von Macromedia (http://www.macromedia.com)

- Rapid Content Development Tools mit einem sehr geringen Einarbeitungsaufwand aber sehr guten Ergebnissen wie Lectora von Trivantis (http://www.trivantis.com) oder Dynamic Powertrainer von DynamicMedia (http://www.dynamicmedia.at)

- Content Converter, die vorhandene Textdokumente in webfähiges Material konvertieren

- Live Recording Systeme und Screen Movie Recorder, die das Mitschneiden von Präsentationen bzw. Aufzeichnen von Bildschirmereignissen ermöglichen

(vgl. [MaHa2002] S.2f)

Content

Lerninhalte für E-Learning werden im multimedialen Umfeld mit dem englischen Begriff „content" bezeichnet.

Content ist funktionalisiertes Wissen in einem bestimmten Kontext und mit einem definierten Zweck. Da er dem multimedialen Umfeld angehört, ist er digital und liegt in Form verschiedener Medien wie Text, Bilder, Audio, Video, Animationen oder Simulationen vor. (vgl. [Back2002] S.40)

Die Content-Konzeption und Umsetzung in webfähige Kurse ist allerdings oft noch ineffizient und teuer, da die Entwicklung meist von vorne beginnt. Neue Teams setzen andere Werkzeuge als ihre Vorgänger ein und z. B. das Screendesign sowie einige Funktionalitäten werden bei jeder neuen Content-Entwicklung völlig neu aufgebaut.

Daher wird zunächst eher die technisch/gestalterische Grundkonzeption berücksichtigt.

2 Ziel und Aufbau der Diplomarbeit

Lange lag bei der Entwicklung multimedialer Lernsoftware der Fokus auf technischen Aspekten. Die Bedürfnisse der Anwender wurden unzureichend beachtet. „Die Produkte seien 'technisch auf dem neuesten Stand, aber pädagogisch und didaktisch antiquiert', hatte Hubert Groten (Universitätsverbund Multimedia NRW) bereits auf dem 'education quality forum' im November vergangenen Jahres moniert." (siehe [CT2003] S.34)

Derzeit ist die didaktische Qualität von E-Learning Angeboten am Markt nicht besonders gut. Oft fehlt auch inhaltlich passende Lernsoftware für Lehrveranstaltungen. (vgl. [Schul2003] S.232ff.)

Eine Möglichkeit, die Inhalte spezifischer zu gestalten, besteht in der eigenständigen Erstellung individueller Lernsoftware intern im Unternehmen oder der Institution. Besonders an Hochschulen sind didaktische Kompetenzen und vielerlei Arten von Fachwissen vorhanden, die für die Lernsoftwareentwicklung eingesetzt werden könnten.

Um nun eine solche Entwicklung von der Grundidee bis zum fertigen Kurs zu ermöglichen, sind bestimmte Arbeitsprozesse zu berücksichtigen. Ein standardisierter Arbeitsablauf ist für eine effiziente Lernprogrammentwicklung sehr hilfreich.

An der Fachhochschule Düsseldorf steht die Entwicklung webbasierter Lernangebote im Vordergrund, da Webanwendungen schnell und einfach aktualisierbar sind. Die schnelle Aktualisierbarkeit ist im Hinblick auf Lerninhalte, die an Fachhochschulen einen großen Praxisbezug haben sollen, ein wesentlicher Vorteil; denn die Anforderungen in der Wirtschaft ändern sich schnell.

Auch Neuentwicklungen von E-Learning Content auf Basis von Teilen bereits vorhandener Inhalte sind bei webbasierter Lernsoftware einfacher.

Ziel der vorliegenden Arbeit ist die Erarbeitung von Vorschlägen und Modellen zur Konzeption einer E-Learning Workbench. Diese Workbench stellt eine Entwicklungsumgebung für E-Learning Angebote dar, welche notwendige Entwicklungsprozesse, -methoden, personelle Strukturen und Entwicklungswerkzeuge definiert und deren Zusammenwirken beschreibt.

Es wird ein Vorgehensmodell zur effizienten Konzeption und Entwicklung von E-Learning Content entworfen, welches die Lernprogrammentwicklung in

- konzeptioneller

- organisatorischer

- technologischer

Hinsicht beschreibt. Dabei geht es speziell um die Entwicklung von Web Based Trainings.

Seit Anfang 2001 werden in verschiedenen Projekten Technologien, Werkzeuge, Prozesse erforscht sowie Richtlinien erstellt, um eine nachhaltige Etablierung von E-Learning zu ermöglichen. Mit einer funktionsfähigen Lernplattform existiert die technische Grundlage zur Distribution und Verwaltung von WBTs. (vgl. [Mar2003] S.35)

In dieser Arbeit wird analysiert, welche Prozesse der WBT-Entwicklung vereinfacht werden können, um die Erstellung von Lernprogrammen effizienter und kostengünstiger zu gestalten. Dazu werden Modelle für Arbeitsabläufe, Vorlagen für Lernprogrammseiten sowie Vorschläge für Seiten- und Kapitelabfolgen in Lernprogrammen erstellt. Dies erfolgt jeweils unter Berücksichtigung der Fähigkeiten des Autorenwerkzeugs Lectora von Trivantis (http://www.trivantis.com) und der E-Learning Spezifikation SCORM (Sharable Content Object Reference Model).

In *Kapitel 3* findet eine Erörterung der organisatorischen und technologischen Rahmenbedingungen an Hochschulen für E-Learning im Allgemeinen statt. Es werden

- Vor- und Nachteile von E-Learning an Hochschulen analysiert

- der bisherige Entwicklungsstand der Etablierung von E-Learning in die vorhandenen Hochschulstrukturen an der Fachhochschule Düsseldorf erörtert

- sowie die nächsten möglichen Entwicklungsschritte dargestellt.

Kapitel 4 befasst sich mit dem Entwurf eines modellhaften WBT-Entwicklungs-prozesses in konzeptionellen, organisatorischen und technologischen Aspekten. Es wird dabei zunächst auf die in den Teilprozessen notwendigen Kompetenzen und Werkzeuge eingegangen. Eine Untersuchung der Schnittstelle Konzeption/Umsetzung im WBT-Entwicklungsprozess soll feststellen, ob hier Prozesse vereinfacht oder abgekürzt werden können.

Für die Schnittstelle Konzeption/Umsetzung werden in *Kapitel 5* mögliche unterstützende Maßnahmen vorgestellt. Es findet eine Erläuterung des generellen Aufbaus von Lernprogrammen nach bestimmten didaktischen Modellen statt. Da auch technologische Spezifikationen bereits bei der Konzeption für den späteren WBT-Einsatz auf der Lernplattform eine Rolle spielen, werden die wichtigsten Merkmale des relevanten **Sharable Content Reference Model (SCORM)** skizziert.

Anschließend erfolgt eine Beschreibung von konkreten **Vorlagen** in Form von

- einfachen, nach wahrnehmungspsychologischen Gesichtspunkten gestalteten Seitenvorlagen

- didaktisch sinnvollen Grundfunktionen

- Typen von Tests und Übungen zur Wissensüberprüfung bzw. Aktivierung von Lernprozessen

- Modellen für Seiten- und Kapitelabfolgen in Lernprogrammen

Kapitel 6 schließt mit einem Fazit der Ergebnisse der einzelnen Kapitel ab und wirft einen Blick auf mögliche reale Umsetzung der in dieser Arbeit vorgestellten Modelle.

3 E-Learning an Hochschulen

E-Learning an Hochschulen unterliegt anderen Rahmenbedingungen als E-Learning in der Wirtschaft. Die wesentlichen Unterschiede betreffen die Aufgaben, die vorhandenen Lehr- und Lernkulturen sowie technische Rahmenbedingungen.

Das Ziel des E-Learning Einsatzes an Hochschulen liegt mehr in der Ergänzung der beruflichen und/oder wissenschaftlichen Erstausbildung der Studierenden (Ausnahme vollständig virtuelle Studiengänge), während es in Unternehmen meist der beruflichen Weiterbildung der Mitarbeiter dient.

Vollständig virtuelle Studiengänge verfolgen allerdings mehr und mehr das Ziel der Weiterbildung bereits berufstätiger Leute. Als Beispiele wären die Studiengänge des Verbundstudiums (http://www.verbundstudium.de) des Institutes für Verbundstudien der Fachhochschulen Nordrhein-Westfalens (http://www.ifv-nrw.de) oder das Bundesleitprojekt "Virtuelle Fachhochschule" (http://www.oncampus.de) zu nennen.

3.1 Wirtschaft vs. Hochschule

Rahmenbedingungen in der Wirtschaft

In Unternehmen ist aufgrund sich fortlaufend ändernder Geschäfts- und Wertschöpfungsprozesse eine bedürfnisorientierte und kontinuierliche Anpassung der Kompetenzen der Mitarbeiter erforderlich, um wettbewerbsfähig zu bleiben. E-Learning bietet hier die Möglichkeit, direkt bei Bedarf am Arbeitsplatz das benötigte Wissen über Computer Based oder Web Based Trainings zu erlangen. Lern- und Arbeitsprozesse können so nahtlos miteinander verbunden werden.

Die Mitarbeiter müssen nicht ihr gewohntes Arbeitsumfeld verlassen, Reisekosten entfallen, und es gibt aufgrund der Weiterbildung vor Ort auch deutlich weniger Arbeitsausfallzeiten. Sowohl entfallende Reisekosten und Arbeitsausfallzeiten bedeuten langfristig Kostenersparnisse für die Unternehmen, an denen diese aus Wirtschaftlichkeitsgründen sehr interessiert sind. Zunächst ist allerdings mit zusätzlichen Kosten für z. B. die Produktion von multimedialen Lernangeboten, Lizenzkosten und gegebenenfalls nötiger Aufrüstung vorhandener technischer Ausstattung zu rechnen.

Durch den E-Learning Einsatz in Unternehmen entwickelt sich die dortige Lernkultur dahingehend, dass den Mitarbeitern die Selbstverantwortung für den Erhalt und die Erweiterung ihres Kompetenzprofils obliegt. Eine Ausnahme bilden hier möglicherweise Auszubildende, die E-Learning Angebote innerhalb ihrer Ausbildung laut Lehrplan nutzen müssen.

Aber um einer Lernkultur, die selbst gesteuertes Lernen ins Zentrum stellt, zum Erfolg zu verhelfen, sind unterstützende Maßnahmen notwendig, wie z. B. individuelle Beratungsangebote, Orientierungshilfen in Form von Leitlinien, Lern- und Karrierepfaden, konkrete Kursangebote sowie Mentoring- und Coaching-Angebote. (vgl. [Back2001] S.81, 101ff.)

Bezüglich technischer Ausstattung sind größere Firmen meist gut mit IT-Arbeitsplätzen und Servern zur Speicherung und Verwaltung der Lernmaterialien ausgestattet. Älteren Arbeitsrechnern mangelt es allerdings oft an angemessener Multimediaausstattung (Hard- und Software) für z. B. Audio- und Videodokumente in Lernsoftware. Inzwischen sind bei allgemeiner Aufrüstung in einem Unternehmen bereits komplett multimediafähige Rechner recht günstig erhältlich.

Andere Lösungen als Lernen unmittelbar am Arbeitsplatz bilden so genannte Selbstlernzentren – Computerarbeitsräume, die allein dem Zweck der Aus- und Weiterbildung dienen und deren Rechner daher mit den benötigten Multimediakomponenten ausgestattet sind.

Zur Einführung einer E-Learning Maßnahme spielen die Faktoren Kosten (Kosteneinsparungen durch Reduktion von Reisekosten und Arbeitszeitausfall im Verhältnis zu neu entstehenden Kosten wie Lizenzkosten, Umschulungskosten und Produktionskosten), Effizienz (Wirtschaftlichkeit) und Effektivität (Zielerreichung) der Maßnahme in Unternehmen eine besondere Rolle. Mögliche hohe Anfangsinvestitionen durch geeignete technische Ausstattung und Programmierung von Lernprogrammen sollen sich später durch mehrfache Nutzung und Erhöhung der Teilnehmerzahlen an elektronischen Weiterbildungsangeboten rechnen. Da der mit der Anzahl der Teil-

nehmer wachsende Kostenanteil, hervorgerufen durch Personal- und Infrastruktur-
kosten, geringer ausfällt als bei Präsenzseminaren, stellt sich ab einer kritischen Zahl
von Nutzern eines Lernprogrammes in der Regel ein Kostenvorteil gegenüber Präsenzseminaren ein.

Den so genannten Break Even Point veranschaulicht das untere Diagramm:

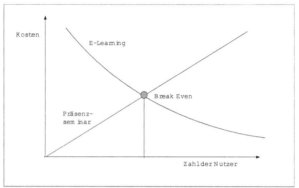

Abbildung 1 Break Even Point E-Learning nach [Brake2000] S.15

Ergibt sich insgesamt eine gute Effektivität und Effizienz multimedialer Weiterbildung,
die die Geschäftsführung überzeugt, so erhöht dies die Chancen auf Bereitstellung der
benötigte finanziellen Mittel für die Durchführung einer E-Learning Maßnahme.

Rahmenbedingungen an Hochschulen

An Präsenzhochschulen, die in dieser Arbeit betrachtet werden sollen, liegen vor allen
bei der Lehr- und Lernkultur andere Bedingungen als in der Wirtschaft vor. Neben der
Forschung sind sie primär (Aus-)Bildungsinstitutionen. Die Hochschuldozenten sind
hauptberuflich der Lehre verpflichtet, und die Studierenden besuchen die Institution
Hochschule vorrangig um zu lernen. Letztere sind, je weiter ihr Studium fortgeschritten
ist, bereits sehr gut mit unterschiedlichen Lehr- und Lernmethoden vertraut. Die
Präsenzlehre findet in Form von Vorlesungen, Seminaren, Übungen, Laborpraktika und
Tutorien statt. Seminare, Übungen, Laborpraktika und Tutorien werden in kleineren,
überschaubaren Gruppen durchgeführt und dienen der Vertiefung des in der Vorlesung
präsentierten Stoffes, oft auch mit praktischen Anwendungsbeispielen. Es ist weniger

wichtig, eine möglichst effiziente und effektive Integrationsmethode für Lernprozesse in Arbeitsprozesse zu finden und die Studierenden zur Weiterbildung zu motivieren, da dies im Prinzip ihre Hauptaufgabe ist. E-Learning dient hier zwar auch dem Selbststudium, jedoch mehr als Ergänzung der bereits etablierten Lernprozesse und muss daher nicht durch zusätzliche unterstützende Maßnahmen flankiert werden. Die entsprechende Unterstützung erhalten die Studierenden in den Präsenzveranstaltungen.

Besonders Laborpraktika eignen sich für die Nutzung von WBTs über ein LMS, da die Ergebnisse aufgezeichnet, über das LMS eingesehen werden können und so relativ einfach zu bewerten sind, ob ein Studierender ein Praktikum bestanden oder nicht bestanden hat. Durch die Möglichkeit, die Laborpraktika online zu absolvieren, also auch von zu Hause aus, werden weniger Räume für diese Lehrveranstaltungsart benötigt. Es steht den Studierenden aber immer frei, dies in hochschuleigenen Rechner-Pools zu tun, um z. B. Onlinekosten zu sparen.

Allgemein wurde in einer Studie zur Computernutzung und Neuen Medien im Studium des Bundesministeriums für Bildung und Forschung festgestellt, dass nahezu alle Studierenden eine Möglichkeit zur Nutzung eines Computers haben. Bezogen auf einen Internetzugang, können immerhin noch 50% diesen von zu Hause aus nutzen, und 70% verwenden einen Internetanschluss in einem Rechnerpool ihrer Hochschule. Mit zunehmenden Studienfortschritt und Alter besitzen immer mehr Studierende einen eigenen Computer mit Internetanschluss. (vgl. [CNM2002] S.66)

Dies ergibt damit recht gute technische Voraussetzungen seitens der Endanwender von E-Learning Angeboten.

Der Einsatz von E-Learning dient an Hochschulen daher der zeitlichen Entlastung der Beteiligten sowie der Verbesserung der räumlichen Situation in Bezug auf volle Raumbelegungspläne in der Hochschule. Vor allem können Grundlagenwissen und Standardinhalte über WBTs vermittelt werden, um so Vorlesungen und andere Präsenzveranstaltungen mit interessanteren anspruchsvolleren Inhalten füllen zu können. Interessieren sich Studierende für Themen, die nicht oder nur unzureichend in den vorgeschrieben Veranstaltungen gelehrt werden, so können sie auf WBTs mit speziellen Inhalten oder auch aus anderen Fachgebieten als dem eigenen zurückgreifen und sich auf diese Weise Wissen nach ihren eigenen Vorlieben aneignen.

Kosten

Bezüglich entstehender Kosten müssen außer der vorhandenen technischen Infrastruktur vor allem auch Produktionskosten für hochwertige Lehr- und Lernmaterialien sowie Lizenzkosten betrachtet werden. Finanziell ist mit deutlich mehr Restriktionen zu rechnen als in der freien Wirtschaft, da staatliche Hochschulen ihre Mittel größtenteils aus öffentlichen Geldern vom jeweiligen Bundesland oder aus Bundeszuschüssen beziehen und das Land aufgrund der eigenen Finanzsituation meist nicht genügend Mittel zuweisen kann. (vgl. [Coen2001] S. 80)

Eine Finanzierungsmöglichkeit bieten Drittmittelprojekte, welche durch das Hochschulgesetz gesetzlich verankert sind. § 25, Absatz 1, Satz 1 des HRG sowie §101, Absatz 1, Satz 1 des Gesetzes über die Hochschulen des Landes Nordrhein-Westfalen besagen:

„Die in der Forschung tätigen Hochschulmitglieder sind berechtigt, im Rahmen ihrer dienstlichen Aufgaben auch solche Forschungsvorhaben durchzuführen, die nicht aus den der Hochschule zur Verfügung stehenden Haushaltsmitteln, sondern aus Mitteln Dritter finanziert werden".

Über die Vergabe von Diplom- und Doktorarbeiten sowie Studienprojekten können außerdem Mitarbeiter für die Weiterentwicklung von E-Learning Projekten gewonnen werden.

Im Folgenden wird die spezielle Situation der bereits etablierten E-Learning Methoden, Prozesse und Techniken an der Fachhochschule Düsseldorf untersucht.

3.2 Vorzüge und kritische Faktoren von E-Learning an der Fachhochschule Düsseldorf

Wie an anderen Hochschulen auch haben virtuelle Lernangebote an der FH Düsseldorf sowohl Vorteile als auch Nachteile. Erste wichtige Aufgabe ist es, Funktionen und Ziele der virtuellen Lehre innerhalb der bestehenden Lehre zu definieren. Der nächste Schritt stellt eine Untersuchung der vorhandenen organisatorischen und technologischen Rahmenbedingungen sowie der existierenden Lehr- und Lernprozesse dar. Eine solche

Analyse soll helfen, die Anforderungen an Inhalt, Aufbau, Produktion und Distribution, sowie Organisation und Integration von elektronischen Lehr- und Lernmaterialien in die vorhandene Lehr-, Lern-, Informations- und Kommunikationskultur der Hochschule zu spezifizieren.

Der menschliche Faktor spielt bei diesen Überlegungen die Hauptrolle. Beim Einsatz und der Entwicklung eigener virtueller Lernangebote wird vor allem eine Zielgruppe anvisiert: die Studierenden. Eine weitere relevante Zielgruppe bilden die Hochschuldozenten, denen entsprechend ihren Fähigkeiten die Möglichkeit gegeben werden soll, ihre Fachinhalte über das Lernportal zur Verfügung zu stellen.

Um eine leicht zu bedienende Lernsoftware für die Studierenden entwickeln zu können (sie dürfen nicht an technischen Hürden scheitern) sollte deren Medienkompetenz genauer betrachtet werden.

Diese sollte auch bei den Dozenten untersucht werden. Denn sie benötigen einfach zu bedienende Autorenwerkzeuge, um schnell und effizient Fachinhalte für Lernprogramme didaktisch aufbereiten und in ansprechender Form bereitstellen zu können. Ähnliches gilt für Vorlesungsskripte und sonstige Lehrmaterialien, die die Dozenten in eine webdistribuierbare Form bringen möchten.

Coenen beschreibt in seiner Dissertation folgende Vorzüge von virtuellen Lernangeboten zur Unterstützung der Präsenzlehre an Hochschulen (vgl. [Coen2001] S.76ff.):

− Steigerung der Flexibilität

− Reduktion des Zeitaufwandes und der Kosten

− Steigerung der Motivation

− Verbesserung der Wissensvermittlung

− Steigerung der Medienkompetenz

Diese Vorzüge sind aber nicht uneingeschränkt auf die Fachhochschule Düsseldorf zu übertragen, da Coenen die Rahmenbedingungen an der Universität Köln berücksichtigt. Als größte Hochschule Deutschlands mit ca. 60.000 Studierenden stellt die Kölner

Universität eine Massenuniversität dar. (vgl. [Campus2003]) Dies zieht teilweise ein schlechtes Betreungsverhältnis zwischen Dozenten und Studierenden nach sich. Die Fachhochschule Düsseldorf stellt mit einer Studierendenanzahl von 8464 keine Massenuniversität dar. (vgl. [EM2003] S.42)

Der Punkt betreffend der Reduktion des Zeitaufwandes und der Kosten ist für Hochschulen im Allgemeinen ebenfalls mit einer Einschränkung zu sehen. Kostenreduktion stellt eher einen Aspekt in der Wirtschaft dar, da dort Präsenzseminarkosten, dadurch bedingte Ausfallzeiten der Mitarbeiter, sowie Reisekosten reduziert werden können. An Hochschulen ist dieser Punkt nicht relevant, da Studierende den Hochschulen normalerweise durch Weiterbildung in Präsenzseminaren an anderen Orten keine Reise- und Unterbringungskosten verursachen. Dasselbe gilt für Teilnahmegebühren. Sie können zwar an Weiterbildungsseminaren teilnehmen, allerdings trägt die Hochschule die entstehenden Kosten nicht.

In den folgenden Abschnitten werden die E-Learning Vorzüge nach Coenen in Bezug zu den Rahmenbedingungen an der Fachhochschule Düsseldorf betrachtet.

Steigerung der Flexibilität

Die Studierenden sind nicht mehr an feste Zeiten und Orte gebunden. Bei Verwendung eines Learning Management Systems, im Falle der Fachhochschule Düsseldorf das Lernportal **alex**, Active Learning and knowledge Exchange, stehen ihnen die Lerninhalte jeden Tag 24 h zur Verfügung. Sie benötigen nur einen Rechner mit Internetanbindung. Das Lernen kann zu Hause, in der Hochschule oder auch unterwegs von einem mobilen Rechner erfolgen. Der Lernende ist in der Wahl seiner Lerninhalte frei, sofern diese nicht durch ein Praktikum vorgegeben sind. Er kann seine Lernzeiten, sein Tempo und Lernpausen so legen, wie er es möchte und daher gut mit einem eventuellen Nebenjob für seinen Lebensunterhalt koordinieren. Entsprechend seinem Lerntyp besteht die Möglichkeit, zwischen unterschiedlichen Medien wie Text, Grafik, Animation, Audio und Video zu wählen und so einen individuellen, optimalen Medienmix für das Lernen zusammenzustellen. (vgl. [Kerr2002] S.7)

Die Wahl des geeigneten Mediums ist nur möglich, wenn es zu einem Themengebiet mehrere alternative Medienangebote gibt. Derzeit besteht diese Auswahl auf **alex** noch nicht.

Reduktion des Zeitaufwandes

Die Online-Abwicklung einiger Praktika über WBTs oder auch Live-Übertragungen von Vorlesungen versetzen Studierende in die Lage, auch von zu Hause aus dem Studium angemessen nachzugehen. Auf diese Weise reduzieren sich Wege, was vor allem für weiter entfernt wohnende Studierende ein wichtiger Punkt ist. So müssen sie z. B. nicht wegen einer einzigen Veranstaltung an einem Tag extra zur Hochschule fahren. Entfallende Fahrzeiten können Studierende auch zum Lernen oder Arbeiten nutzen.

Bei der Lernmaterialauffindung wird sonst viel Zeit auf das Suchen von Büchern, Skripten und Vorlesungsmitschriften verwendet. Diese Materialien müssen dann oft noch kopiert und zu einigen Notizen angefertigt werden. (vgl. [Coen2001] S.78) Durch ein LMS können alle relevanten Materialien zentral bereitgestellt werden; die Auffindung und Identifizierung wichtiger Lernmaterialien wird erheblich vereinfacht. (vgl. [Schul2002] S.13)

Seitens der Dozenten verringert sich der Aufwand der Distribution ihrer Lehrmaterialien an die Studierenden, da sie diese relativ einfach in elektronischer Form über das LMS bereitstellen können, statt Skripte in Papierform zu drucken und zum Selbstkostenpreis zu verkaufen. Wissen kann also schneller publiziert und verbreitet werden. Vor allem aber die Onlineabwicklung von Praktika ermöglicht auch ihnen eine flexiblere zeitliche Handhabung. Werden einige Laborpraktika über WBTs abgewickelt, müssen sie nicht physisch anwesend sein, sondern betreuen die Studierenden virtuell über E-Mail, Foren, etc. bzw. sie können in Vorlesungen auf eventuelle Probleme eingehen.

Auch Kerres sieht eine Reduktion der durchschnittlichen Lerndauer bei Einsatz von virtuellen Lernangeboten. Allerdings kommen manche Lernende nicht mit selbstgesteuertem Lernen zurecht, was zu einer höheren Abbrecherquote führt. Es muss also die erzielte „Netto-Lernrate" betrachtet werden. (vgl. [Kerr2002] S.2)

Steigerung der Motivation

Einige der bereits zuvor genannten Faktoren spielen auch für die Motivationssteigerung eine wichtige Rolle.

Den Lernenden können über ein Lernportal verschiedene Interaktionsmöglichkeiten angeboten werden:

- Nutzung von WBTs, die eine Interaktion mit dem System bieten. Dies beinhaltet Navigation in Hypertextstrukturen, Änderung von Parametern in Simulationen und Beobachtung der Auswirkungen sowie das Absolvieren von Tests und Übungen

- Foren, in denen sie mit Kommilitonen und auch Lehrenden Fragen zu Fachthemen diskutieren können

- Dokumente zu Vorlesungen mit Hilfe einer im LMS eingebauten Suchmaschine heraussuchen

- kooperatives Arbeiten mit Hilfe von BSCW[1], d. h. eigene Dokumente ablegen, verwalten, gemeinsam bearbeiten und austauschen, synchrone Zusammenarbeit durch Werkzeuge für die Planung und Organisation von Treffen, ad hoc Kommunikation (Chat) mit Partnern, die gerade in einem gemeinsamen Arbeitsbereich aktiv sind

Diese Interaktionsmöglichkeiten eröffnen den Lernenden neue Wege, um ihr Lernziel zu erreichen, wobei ihnen freigestellt ist, welchen Weg sie wählen. Diese Eigenverantwortung kann motivationssteigernd wirken. Um aber Phänomene wie „Lost in Hyperspace", das Verirren in vernetzten Strukturen, zu vermeiden, empfiehlt Kerres , eine Strukturierung der Lerninhalte nach zentralen und weniger wichtigen Inhalten, um eine intuitive Unterscheidung zu ermöglichen. (vgl. [Kerr2001] S.150)

Eine Steigerung der Lernmotivation beruht häufig allerdings auf dem so genannten „Neuigkeitseffekt", der meist nur von kurzer Dauer ist. Neue Lernmedien werden von Lernenden aufgrund der neuen Zugangsart zum Lehrstoff und des innovativen Charakters von Neuen Medien als motivierend empfunden.

---

1   Basic Support for Cooperative Work, die Basisvariante von Computer Support for Cooperative Work

Ein BSCW-Server dient dem Daten- und Wissensaustausch bzw. der Unterstützung von Arbeitsabläufen in Teams

Wird das meist softwarebasierte Lernmedium aber hauptsächlich als unterhaltsam und „soft" erlebt, so kann sich ein paradoxer Effekt ergeben: die Lernleistung sinkt aufgrund einer geringeren mentalen Anstrengung. (vgl. [Kerr2002] S.1)

Daher sollte der Fokus beim Einsatz von mediengestützten Lernangeboten auf die Inhalte und deren ansprechende didaktische Aufbereitung gelegt werden.

Verbesserung der Wissensvermittlung

Ein Lernportal mit der dahinter stehenden E-Learning Architektur dient als Werkzeug zur Erarbeitung, Sammlung, Verarbeitung, Aufbereitung oder Kommunikation von Wissen und bietet eine Ergänzung zu Präsenzveranstaltungen.

Mit Hilfe von Metadaten können Informationen über Lernmedien zur Verfügung gestellt werden, wie Name des Mediums, Fachgebiet, Name des Autors, etc. Metadaten sind Daten, die nicht direkt zum Inhalt eines Dokuments gehören. Sie können von einer LMS-internen Suchmaschine ausgelesen werden und dem Nutzer nach Eingabe eines Suchbegriffs angezeigt werden. Der Einsatz von Metadaten erleichtert die Identifikation von relevanten Wissensquellen deutlich.

Lernende finden leichter relevante Lernmatrialien und Lehrende werden bei der Zusammenstellung von Material für ihre Lehrveranstaltungen unterstützt.

Aus dieser zentralen Wissenssammlung kann der Lernende passende Angebote für seinen Lerntyp auswählen. Eine multimediale Wissensvermittlung kann helfen, komplexe Sachverhalte anschaulicher darzustellen. Wissen kann mit Medien aufbereitet, wichtige Aspekte hervorgehoben und auf das Wesentliche reduziert werden. So wird ein realer Vorgang z. B. über eine abstrahierende Simulation anschaulicher dargestellt als mit einem real vorgeführten Experiment. Andere Präsentationsformen wie Visualisierungen, Simulationen und Interaktivität eröffnen den Lernenden andere Zugänge zu einer Thematik, als es z. B. die verbale Darstellung im Rahmen eines Vortrages tut. Dadurch können auch Personen erreicht werden, die mit dem konventionellen Vortrag und normalen Skripten Schwierigkeiten haben, die Thematik zu erfassen. (vgl. [Kerr2001] S.95f. und [Kerr2003] S.34f.)

Des Weiteren wird den Lernenden ein individuelles, zeitnahes Überprüfen des eigenen Wissenstandes mit Hilfe von einfachen vom LMS auswertbaren Tests angeboten.

Das Tracking der Testergebnisse durch ein LMS, das Aufzeichnen von Lernerdaten bei Bearbeitung eines Kurses, erlaubt es wiederum den Lehrenden einen Überblick über den Kenntnisstand der Studierenden im Vorfeld einer Abschlussprüfung zu erhalten und so gegebenenfalls deren erhöhten Betreuungsbedarf gerecht zu werden.

Aktualität stellt ebenfalls einen wichtigen Vorteil bei webbasierten Lernangeboten dar. Kurse und Dokumente können sehr schnell auf den neuesten Stand gebracht werden, da neue Inhalte einfach am Rechner erstellt und nur noch auf den entsprechenden Server hochgeladen werden müssen.

Entwicklung von Medienkompetenz

Medienkompetenz nimmt in unserer heutigen Wissens- und Informationsgesellschaft mehr und mehr eine wichtige Schlüsselrolle ein. Sie bezeichnet außer der Fähigkeit zum Umgang mit etablierten Medien wie Fernsehen, Printmedien, Radio, sowie Neuen Medien wie Internet, allgemein Arbeiten mit dem Computer vor allem die Fähigkeit:

– zur Auswahl der benötigten Information aus der multimedialen Informationsflut

– zur kritischen Bewertung der ausgewählte Information

– sich selbst mit Hilfe von Medien ausdrücken und sie mitgestalten zu können

(vgl. [Tulod2001] S.14, auch unter http://www.fwu.de/semik/publikationen/downloads/ft_medienkompetenz.pdf, Abruf am 18.11.2003)

Um die Vermittlung dieser Fähigkeiten auch in der Hochschullehre zu ermöglichen, werden zielgerichtete Konzepte zum Einsatz von Medien und besonders von Neuen Medien in der Hochschullehre entworfen und auch umgesetzt.

Vorschläge hierzu finden sich z. B. im Medienkonzept des Fachbereichs Medien:

– medientechnische Infrastruktur,

– Forschungsprojekte mit und über Medien sowie

– der Einsatz von Medien in der Lehre

(vgl. [MEDK2002])

So werden im normalen Lehrbetrieb z. B. folgende Varianten der Neuen Medien eingesetzt, mit denen die Studierenden und die Lehrenden als normale Arbeitsmittel umgehen:

- Videokonferenzen

- Computer Based Trainings (CBTs)

- Web Based Trainings (WBTs)

- Internetbasierte Wissensdatenbanken, die unter anderem von Studierenden gepflegt werden (Projekte, Tutorial, Papers, etc.)

- jegliche Form synchroner bzw. asynchroner Kommunikation über das Internet (Foren, Chat, E-Mail)

Der ständige Umgang mit diesen Medien ermöglicht mit der Zeit die Entwicklung bzw. Weiterentwicklung der Medienkomptenz jedes einzelnen Nutzers. Besondere Beachtung ist hier auch dem Lernportal **alex** zu schenken, über welches viele der o.g. Medien zum Einsatz kommen und welches hochschulweit zur Verfügung steht. Beim Umgang mit **alex** werden auch Kompetenzen in Wissensmanagement erlangt, da durch die vielfältige Medienunterstützung mehrere teils redundante Wissens- und Informationskanäle vorhanden sind, aus denen der Lernende die für ihn selbst hilfreichste Komponente auswählen kann.

Schulmeister nennt noch weitere Vorteile mediengestützten Lernens
(vgl. [Schul2002] S.13):

- Förderung der Reflexion und Anregung der Nachdenklichkeit durch den Informationsreichtum und damit einhergehender Vielfalt von Meinungen

- Kognitive Werkzeuge, wie sie in Form eines LMS oder durch Strukturierungs-werkzeuge wie Notizenfunktionen, Nachschlagewerken, etc. geboten werden, bieten Gelegenheit zur Wissenskonstruktion

Gerade ersterer Punkt benötigt allerdings Medienkompetenz.

Hinderliche Faktoren

Eine grundlegende Medienkompetenz, die den Nutzern ein schnelles Erlernen des Umgangs mit E-Learning Angeboten ermöglicht, existiert allerdings hauptsächlich in Fachbereichen, in denen die Anwendung von Neuen Medien zur alltäglichen Arbeit gehört.

In anderen Fachbereichen ist die allgemeine Akzeptanz von mediengestütztem Unterricht oft deutlich geringer, was unter anderem an der fehlenden oder mangelhaften Medienkompetenz bei Hochschullehrern liegen mag. (vgl. [Schul2001] S.364).

Diese Haltung hängt möglicherweise damit zusammen, dass bei vielen bisherigen E-Learning Projekten der Fokus auf technische Aspekte gelegt wurde, welche für nicht technische Fachgebiete nur schwer zu erschließen sind.

Weitere Gründe für den wenig erfolgreichen Einsatz von virtuellen Lehr- und Lernangeboten sind z. B.:

- Einzelprojekte anstatt eines hochschulweiten strategischen Multimedia-/ E-Learning-Konzeptes

- zu hoher Anspruch und zu hohe Erwartungshaltungen

- polarisierende Diskussionen (z. B. Virtuelle Hochschule vs. Campus-Hochschule, Online-Lernen vs. Präsenzlernen, Lernprogramm vs. Fachbuch)

- unterschiedliche technologische Ausstattung der Fachbereiche

- fehlender Content

- mangelhafte Didaktik

- bisher geringe Übertragbarkeit und Wiederverwendbarkeit der Lernmaterialien

- rein virtuelles Lernen: Mangel an sozialen Interaktionen

(vgl. [KOPF2003] S.1, [Schul2001] S. 364 und [Schul2003] S. 232ff.)

Diese allgemein im Hochschulbereich anzutreffenden kritischen Faktoren manifestieren sich auch teilweise in den bisherigen E-Learning bezogenen Aktivitäten an der Fachhochschule Düsseldorf. Für die nachhaltige Etablierung von virtuellen Lehr- und Lernangeboten empfiehlt sich ein strategisches Vorgehen. Ein entsprechendes Konzept existiert seit einiger Zeit an der Fachhochschule Düsseldorf. Im folgenden Kapitel wird das Konzept mit seiner Verankerung in den Ziel- und Leistungsvereinbarungen mit dem Ministerium für Wissenschaft und Forschung des Landes Nordrhein Westfalen und der bisherige Entwicklungsstand zur Etablierung von E-Learning an der Fachhochschule Düsseldorf dargestellt.

3.3 Stand der Entwicklung von Methoden, Prozessen, Techniken zur Etablierung von E-Learning an der FH Düsseldorf

Viele eher technologieorientierte Projekte mediengestützten Lernens haben bisher nicht zu dem gewünschten Erfolg geführt, da sie oft auf dem Engagement Einzelner beruhen. Den Hochschulen fehlt es meist an einer Gesamtkonzeption zur nachhaltigen Etablierung in den Regelbetrieb der Hochschullehre. (vgl. [BLK2002] S.1)

Die Fachhochschule Düsseldorf hingegen hat in den Ziel- und Leistungsvereinbarungen mit dem Ministerium für Wissenschaft und Forschung des Landes Nordrhein-Westfalen einige wichtige strategische Ziele zur dauerhaften Integration Neuer Medien in der Lehre festgelegt.

Fächerübergreifend soll das Medienprofil der Hochschule geschärft werden. Zu den seitens der Hochschule ergriffenen Maßnahmen gehören die Gründung des Fachbereichs Medien und des fachbereichsübergreifenden Institutes für Medien, Kommunikation und Informationstechnologie (MKI).

Insbesondere sollen virtuelle Studienangebote gefördert werden, und um die fächerübergreifende Nutzung ermöglichen zu können, wird eine E-Learning-Plattform konzipiert und implementiert, die als zentrale Aufgabe die Bereitstellung von E-Learning Angeboten wie WBTs, fachbereichsbezogenene Informationsangebote, etc. hat.

Mit der Ernennung eines Rektoratsbeauftragten für E-Learning wurde einer Person mit entsprechender Kompetenz die Hauptverantwortung und Betreuung des hochschulweiten E-Learning Projektes übertragen. (vgl. [ZIEL2002] S.5, 9f.)

alex-Lernportal

Die Bereitstellung von virtuellen Studienangeboten wird über das Lernportal **alex** ermöglicht. Im Rahmen einer Diplomarbeit fand die Implementierung der Lernplattform Ingenium 6.1 (Nachfolger Aspen 2.5) von Click2Learn (http://www.click2learn.com) statt, welche das technische Kernsystem für das Portal bildet. Es sollte vor allem ein übergeordnetes Ziel erreicht werden:

„Die Studierenden finden alle für das Studium relevanten Informationen an einem Ort. "

Als Hauptfunktionen des Lernportals wurden definiert:

– die Unterstützung von Lern- und Organisationsprozessen des Präsenzstudiums für alle Fachbereiche in Form eines *kommentierten Vorlesungsverzeichnisses* mit Suchmöglichkeiten und Studienverlaufsplänen, über die sich Studierende zu Lehrveranstaltungen anmelden können

– *Up-/Downloadbereiche* zu den gewählten Lehrveranstaltungen, wo Lehrende ihre Lehrmaterialien bereitstellen können

– Austauschmöglichkeiten studienbezogener Informationen über Foren (aktiv bzw. interaktiv) und *Informationsdienste* wie Ankündigungen aus dem jeweiligen Fachbereich, sowie ein individuell konfigurierbarer Newsticker (passiv/rezeptiv seitens der Studierenden)

– *Prüfungsverwaltung*

– *Skillmanagement*: Mit Hilfe einer im LMS implementierten Funktion kann über im System bekannte Fähigkeiten und fehlende Fähigkeiten des Lernenden ein individuelles Kursangebot aus vorhandenen WBTs zusammengestellt werden

– Möglichkeit der *Modularisierung der Lerninhalte* sowie deren Distribution über das Web

(vgl. [Mar2003] S.35)

Die Up-/Donwloadbereiche, die Informationsdienste und die Foren wurden in weiterführenden Projekten realisiert, da das LMS Ingenium die notwendigen Technologien nicht von Haus aus mit brachte. Des Weiteren wurde in diesen Projekten ein Corporate Design entwickelt.

Aber auch organisatorisch/technische Anforderungen spielten bei der Auswahl von Ingenium eine Rolle.

In Bezug auf die Möglichkeit der Modularisierung von Lerninhalten und der Option, Module externer Anbieter einbinden zu können, ist die Einhaltung gängiger E-Learning Standards eine wichtige Voraussetzung. Neuere Standards und Spezifikationen wie AICC[2] und SCORM sind recht weit verbreitet und erlauben das Austauschen und Nutzen von Kursen, die konform zu diesen Spezifikationen sind. (vgl. [Mar2003] S.36)

Insbesondere SCORM sieht eine Modularisierung in Form von kleinsten Lerneinheiten (auch Lernobjekte genannt) vor.

Nachfolgend und in Kapitel 5.3 wird die Bedeutung von E-Learning Standards konkret erläutert.

WBTs und E-Learning Standards

Die nahtlose Einbindung von Lernmodulen externer Anbieter sowie deren inhaltlicher und didaktischer Wert wurden anhand des Projektes „Erprobung eines hochschulweiten E-Learning Angebotes" mit WBT-Modulen der Firma NetG erforscht und im Juli 2003 zum Abschluss gebracht. (vgl. [EM2003])

Diese WBTs beruhen auf dem Standard AICC, der hauptsächlich beschreibt, wie Testergebnisse der Lernenden aus dem absolvierten Kurs gespeichert und wie Daten mit einem LMS ausgetauscht werden. Um demnächst auch SCORM-fähige Kurse verwenden zu können, wurde im Wintersemester 2002/2003 diese Spezifikation genauer untersucht und in einer Diplomarbeit ein Werkzeug entwickelt, welches Kursautoren beim SCORM-konformen Zusammenstellen, Content Packaging, ihrer einzelnen Lernobjekte unterstützen soll. (siehe [Hess2003])

---

2   Aviation Industry CBT [Computer Based Training] Committee

Das Prinzip der kleinsten Lerneinheiten der SCORM-Spezifikation ist in Bezug auf die Modularisierung von Lernprogrammen für Hochschullehrer interessant, da sie es meist gewohnt sind, ihre Lehrveranstaltungen aus Teilen unterschiedlicher Quellen zu etwas Neuem zusammenzustellen. (vgl. [Brake2000] S.122)

Allerdings ist erst Aspen SCORM-kompatibel, was bei der Verwendung dieser Spezifikation einen vollständigen Umstieg auf diese Plattform erfordert. Dieser Umstieg ist bereits in Arbeit.

3.4 Wege zu virtuellen Lerninhalten

Bisher wurde an der FH Düsseldorf vor allem die technologische Infrastruktur geschaffen, um hochschulweite virtuelle Lehre möglich zu machen. Viele nützliche Vorzüge von E-Learning sind bisher noch kaum zur Geltung gekommen, da noch zu wenige Lehr- und Lernangebote in Form von Lernsoftware vorhanden sind.

Mit der Erprobung kommerzieller WBTs wurde ein erster Schritt getan, um über das Lernportal auch Inhalte bereit zu stellen. In der 1,5 Jahre dauernden Pilotphase zur Erstellung einer Studie wurden diese WBTs sowohl von Studierenden in Laborpraktika als auch freiwillig getestet und von wissenschaftlichen Mitarbeitern auf ihren inhaltlichen und didaktischen Wert hin genauestens geprüft. Die Studierenden bewerteten die NetG Module im Allgemeinen eher negativ, allerdings wurden diejenigen, die inhaltlich auf Informationstechnologie ausgerichtet sind, recht häufig ausgeliehen. Den größten Mangel stellt jedoch die fehlende Bestimmung der Ausgangslage insbesondere der Zielgruppe (hier die Studierenden) dar. Die Ausgangslage der Kurse ist sehr allgemein gehalten, damit Lernende mit allen Stufen von Vorwissen diese bearbeiten können. Dies führt unter Umständen aber zu einer Unter- oder Überforderung der Lernenden. Es gibt zwar Tests zur Lernwegbestimmung, aber diese sind technisch mangelhaft und die Prüfungsfragen zu stark reduziert. (vgl [EM2003] S.189ff.)

Auch die inhaltliche Ausrichtung - Softwarebedienung aus den Bereichen Office und Webprogrammierung sowie Betriebssysteme, Netzwerktechnik, Programmiersprachen und Datenbanken (vgl. [EM2003] S.122) - ist oft wenig hilfreich als Ergänzung zu Studieninhalten. Die NetG Module decken einen sehr einseitigen Bereich ab.

Diese einseitige Ausrichtung zeigt, dass bisher keine wirklich fachspezifischen WBTs an der Fachhochschule Düsseldorf im Einsatz sind, die z. B. direkt zur Prüfungsvorbereitung geeignet sind. Für Studierende, die weniger mit Web- und Computeranwendungen aus ihrem Fachgebiet heraus zu tun haben, sind diese als Ergänzung zu ihren Lehrveranstaltungen zum Zweck der Prüfungsvorbereitung weniger sinnvoll.

Um inhaltlich relevante Lernprogramme anbieten zu können, besteht z. B. die Möglichkeit, diese selbst an der Fachhochschule Düsseldorf zu produzieren. Das nötige Fachwissen ist gerade hier bei den Hochschullehrern vorhanden und die Zielgruppe der Studierenden kann direkt in die Konzeption mit einbezogen werden. Diese Möglichkeit besteht generell an allen Hochschulen.

Da die Dozenten aber oft nicht über sämtliche zur WBT-Erstellung nötigen Fähigkeiten verfügen, gilt es, eine Infrastruktur zu konzipieren und zu etablieren, die sie bei der Erstellung eigener Lernprogramme mit Hilfe eines Workflows, personell (z. B. hinsichtlich der WBT-Entwicklungskompetenz und Zeit) und auch technisch unterstützen kann.

3.5 Zusammenfassung

An Hochschulen liegt oft eine technische Infrastruktur vor, die die Etablierung von E-Learning Maßnahmen begünstigt. Fachhochschulen als Hochschulen für angewandte Wissenschaften sind technisch meist sogar besser ausgestattet als Universitäten, wobei gerade neu entstandene Fachbereiche und Labore technisch auf dem neuesten Stand sind. (vgl. [CNM2002] S.14)

Der Einsatz von virtuellen Lernangeboten erscheint an Hochschulen sinnvoll, da viele Studierende ihren Lebensunterhalt teilweise oder auch vollständig mit Nebenjobs finanzieren. Im Jahr 2000 lag der Anteil der erwerbstätigen Studierenden bei 66%. (vgl. [SIM2001] S.165) Für diese Studierenden sind ergänzende virtuelle Lernangebote hilfreich, da diese 24h zur Verfügung stehen und nicht ortsgebunden sind. Dadurch ist eine leichtere Koordination von Studium und Job möglich.

Da Studierende sich während ihres Studiums in einem intensiven Lernprozess befinden, welcher oft Phasen des Selbststudiums beinhaltet, bringen sie bereits eine gewisse Selbstlernfähigkeit mit. Durch diese können sie die Vorzüge von ergänzenden virtuellen Lernangeboten auch tatsächlich erfahren.

Um nun diese Vorzüge nutzen zu können, wurde mit Hilfe eines hochschulweiten strategischen E-Learning Konzeptes die Etablierung virtueller Lernangebote über das Lernportal **alex** begonnen. Es fehlen aber noch fachspezifische Inhalte, vor allem in Form von speziell für E-Learning didaktisch aufbereiteten Kursen. Es werden nun Konzepte zur Produktion eigener webbasierter Kurse erarbeitet, wozu diese Arbeit einen Beitrag leistet. Im folgenden Kapitel werden Modelle zur hochschuleigenen WBT-Entwicklung vorgestellt.

4 Modelle zur Konzeption einer E-Learning Workbench für die FH Düsseldorf

Die bisher erfolgte gründliche Erforschung und Implementation der technischen Seite von E-Learning bildet die Grundlage für die demnächst geplante Entwicklung von hochschuleigenen WBTs. Für das weitere Vorgehen müssen nun die nötigen Produktionsprozesse genauer analysiert und in einigen Teilen definiert werden:

- Welche Prozesse finden statt?

- Welche Kompetenzen sind dafür erforderlich?

- Welche Personen können welche Aufgaben übernehmen?

- Welche Werkzeuge und Techniken werden für die konzeptionelle und technische Umsetzung in Betracht gezogen?

- Wo greifen die Einzelprozesse ineinander?

Aktuelle Entwicklungsmethoden für Lernsoftware konzentrieren sich allerdings oft nur auf einzelne Dimensionen des Lernprodukts wie Inhalt, Didaktik, Design/ Benutzerschnittstelle oder Funktionalität. So kommt es schnell dazu, dass die einzelnen Teile sich nicht zu einem stimmigen Ganzen zusammenfügen.

Abhilfe schafft hier ein integrierendes Prozessmodell, welches alle vorkommenden Methoden, Prozesse, Werkzeuge, Vorlagen und Systeme berücksichtigt und aufeinander abstimmt.

Vorschläge zur Konzeption eines solchen Modells zu unterbreiten, ist Ziel dieser Arbeit. Im Folgenden wird eine Begriffsbestimmung die Grundlagen für dieses Modell legen.

4.1 Begriffsbestimmung E-Learning Workbench

Eine E-Learning Workbench wird definiert als d*ie Summe aller Werkzeuge, Vorlagen, Methoden, Prozesse und Systeme zur WBT-Entwicklung gemäß dem festgelegten Workflow.*

Workbench heißt im Deutschen Werkbank. Diese Metapher ist die eines Werkstatt-arbeitsplatzes mit vielen unterschiedlichen Werkzeugen wie Hammer, Schraubenzieher, Bohrmaschine, etc. und Ausgangsmaterialien wie Holz und Schrauben. Es gibt Pläne bzw. Vorlagen zum Bauen von Gegenständen und es existieren Bedienungsanleitungen für die Verwendung der Werkzeuge.

Pläne und Bedienungsanleitungen beschreiben Methoden und Prozesse zur Herstellung von Gegenständen aus den Ausgangsmaterialien.

Auch bei der E-Learning Workbench gibt es Werkzeuge, Vorlagen, Prozessbe-schreibungen und Methoden. Daher wurde die Metapher der Werkbank gewählt. Im Umfeld der Workbench sind:

- *Werkzeuge*: Software wie Microsoft Office, die Produktfamilie von Macro-media, Audio-/Videoschnitttools, E-Learning spezifische Tools wie Toolbook, Lectora

- *Vorlagen*: Templates für WBT-Seiten, Seitenabfolgen, Kapitelabfolgen

- *Prozessbeschreibungen/Methoden*: typische Abfolge und Ineinandergreifen der einzelnen Arbeitsschritte in der WBT-Entwicklung, darunter fallen auch Teamstrukturen und notwendige Kompetenzen

Die E-Learning Workbench ist allerdings noch etwas umfassender. Sie ordnet notwendige Kompetenzen und Teamstrukturen Arbeitsabläufen bei der WBT-Ent-wicklung zu. Sie beschreibt, wie man bei der Lernsoftwareentwicklung methodisch vorgeht.

Die Abfolge von typischen Arbeitsabläufen soll *Workflow* genannt werden.

In der unten abgebildeten Grafik werden die typischen Phasen einer WBT-Entwicklung schematisch im Ablauf dargestellt:

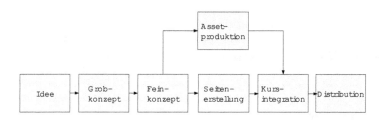

Abbildung 2 WBT-Produktions-Workflow

4.2 Prozesse der W BT-Entw icklung

Der WBT-Entwicklungs-Workflow lässt sich in 2 große Bereiche unterteilen:

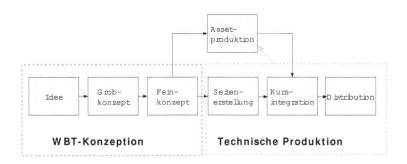

Abbildung 3 Hauptworkflowbereiche

WBT-Konzeption

Die Konzeption eines WBTs beginnt mit einer ersten Ideensammlung. Nach Definition des groben Themengebietes und Bestimmung der Zielgruppe können Teilthemengebiete festgelegt werden.

In der nun folgenden Grobkonzeptionsphase werden auch Überlegungen angestellt, welche technischen Voraussetzungen zu beachten sind und in Zusammenhang mit didaktischen Ansätzen, welche Medien innerhalb des WBTs als Assets[3] eingesetzt werden sollen.

Es erfolgt eine zunehmende Detaillierung von Groblernzielen über Feinlernziele, Kapitelstruktur bis hin zur Seitenstruktur. Die Kapitelstruktur wird ähnlich einer Sitemap dargestellt, denn im Grunde ist sie genau dies. Es kann hier auch dargestellt werden, welches Kapitel bearbeitet werden muss, um zu einem anderen zu gelangen, sofern solche Einschränkungen als didaktisch sinnvoll erachtet werden.

---

3   Assets sind die einzelnen Bestandteile wie Texte, Bilder, Grafiken, Videos usw., aus denen sich der Inhalt z. B. einer Website oder einer CD-ROM zusammensetzt. Ein Asset liegt immer in einem bestimmten Datentyp vor

Im Rahmen der Feinkonzeption wird ein Drehbuch als zentrales Dokument für Abnahme-, Kontroll- und Entwicklungszwecke erstellt.

Es beinhaltet eine verfeinerte Navigationstruktur aus dem Grobkonzept mit strikter Indizierung (z. B. als Kapitelstruktur wie in dieser Arbeit). Jede Seite des Drehbuchs beschreibt genau eine Seite des späteren WBTs. Bei einer möglichen Form, wie sie häufig in Projekten im Fachbereich Medien eingesetzt wird, enthält jede Seite:

- Nummerierung/Indizierung

- Versionsnummer

- darzustellende Texte (Wortwörtlich)

- Beschreibung von Interaktionen, Abläufen

- Beschreibung von einzufügenden Mediaassets (Audio, Video, Animation, Graphik, Bilder)

- Spezifikation der Navigation

- eventuell gestalterische Vorgaben (diese fallen aber im vorliegenden Fall weg, da über Seitenvorlagen ein Layout vorgegeben wird)

Folgende Drehbuchseite aus einem Projekt zur Erstellung einer Informations-CD-ROM zum Fachbereich Medien veranschaulicht dies:

Abbildung 4 Drehbuchseite FB Medien CD-ROM

Technische WBT-Produktion

Der nächste Schritt nach Erstellung des Drehbuches ist die Umsetzung der dort beschriebenen Seiten in webdistributionsfähige Seiten sowie die Erstellung der eingeplanten Mediaassets. Die Assetproduktion wird an dieser Stelle von der Seitenerstellung abgekoppelt. Hier sind keine speziellen E-Learning-Eigenheiten zu beachten, vielmehr ist auf die besonderen Anforderungen an webdistributionsfähiges Material zu achten, was sich hauptsächlich bei Dateigrößen bemerkbar macht und z. B. Techniken wie Streaming bei Audio- und Videomaterial erfordert. In anderen hochschulinternen Projekten wurden Webtechnologien schon hinreichend erprobt und Personen mit zugehörigem Kenntnisstand sind im Fachbereich Medien schnell zu finden.

Da im Wintersemester 2002/2003 im Projekt „SCORM-Workflow" (siehe [KKPSS2003]) aufgrund des Modularitätsprinzips und der weiten Verbreitung die E-Learning Spezifikation SCORM für den Einsatz auf dem LMS von **alex** als besonders geeignet identifiziert wurde, soll diese bei der Seitenerstellung bzw. in geringerem Maße auch schon vorher bei der Konzeption berücksichtigt werden. Eine Erläuterung der wichtigsten Prinzipien von SCORM erfolgt in Kapitel 5.3.

SCORM-Konformität erfordert auch eine spezielle Kursstruktur und das Hinzufügen von Funktionen, die eine Kommunikation zwischen dem Kurs und dem distribuierenden LMS ermöglichen. Dadurch wird der Prozess der Kursintegration notwendig. Außerdem werden hier die fertigen Assets der Assetproduktion in das WBT mit eingebunden.

Als letzter Schritt wird das fertige WBT auf das LMS hochgeladen und kann nach Freischaltung für alle oder für bestimmte Nutzergruppen bearbeitet werden.

Für alle diese Arbeitsabläufe werden unterschiedliche Kompetenzen benötigt. Kapitel 4.3 zeigt auf, welche Kompetenzen für eine erfolgreiche WBT-Produktion notwendig sind. In Kapitel 4.4 werden Überlegungen angestellt, wie sich ein Team mit den nötigen Kompetenzen zusammensetzen könnte.

4.3 Notwendige Kompetenzen

Bei der WBT-Entwicklung sind immer unterschiedliche Kompetenzen erforderlich, um ein optimales Endergebnis zu erreichen. Interdisziplinarität spielt eine entscheidende Rolle.

Es lassen sich 3 große Kompetenzfelder feststellen:

– Konzeption

– Multimedia

– WBT-Programmierung

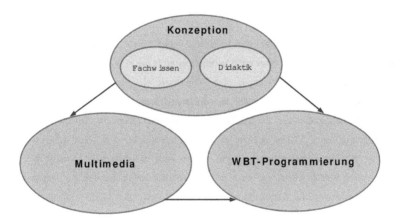

Abbildung 5 Kompetenzfelder der WBT-Entwicklung

Konzeption

Konzeptionskompetenz beinhaltet nach der Definition der Verfasserin dieser Arbeit die Fähigkeit

– ansprechend strukturierte,

– im Schreibstil an die Zielgruppe angepasste,

– mit veranschaulichenden Medien sowie interaktiven Elementen angereicherte

Lerninhalte textuell entwickeln zu können.

Außerdem sollte ein guter Autor in der Lage sein, seine Vorstellungen, die über den exakt zu übernehmenden Text hinausgehen, verständlich zu beschreiben. Die Leute, die das Drehbuch umsetzen, müssen in der Lage sein z. B. Beschreibungen für Interaktionen zu verstehen, um sie nach der Intention des Autors realisieren zu können. Um die Umsetzbarkeit zu gewährleisten, ist bei den Autoren auch Medienkompetenz (siehe Definition S.23) nötig, welche speziell Grundkenntnisse in dem Bereich Web-technologien beinhaltet.

Das Kompetenzfeld Konzeption lässt sich in 2 weitere Kompetenzen unterteilen, die eng miteinander verknüpft sind:

– Fachwissen

– Didaktik

Fachlich korrekte Inhalte allein sind noch nicht unbedingt für die Verwendung in einem WBT geeignet. Es sollten bestimmte Lehrmethoden in die Konzeption eines WBTs mit einbezogen werden, um der angestrebten Zielgruppe ein geeignetes Lernmedium zur Verfügung zu stellen und z. B. nicht nur ein Nachschlagewerk. Eine solche Ausprägung ist zwar auch interessant für Studierende, sollte aber eher ein Hilfsmittel für die Bearbeitung eines WBTs oder einer sonstigen Aufgabe sein. Nach einer ersten Gliederung des ausgewählten Lehrstoffes wird auch das didaktische Design bei der Konzeption berücksichtigt und nach Bestimmung des Lernzieles und der bevorzugten Lehrmethode wird die Kursstruktur sowie die einzusetzenden Medien und möglichen Module zur Wissensüberprüfung ausgewählt.

Das Kompetenzfeld Konzeption umfasst also das jeweils benötigte Fachwissen und allgemeine sowie spezielle auf Medien ausgerichtete didaktische Kenntnisse.

Multimedia

Multimediakompetenz wird bei der Produktion von Mediaassets benötigt. Um in einem WBT unterschiedliche Medien anbieten zu können, müssen z. B. Video- und Audio-sequenzen produziert, Bilder und Grafiken gestaltet sowie Animationen und Simulationen erstellt und in ein webdistributionsfähiges Format konvertiert werden.

Multimediakompetenz umfasst demnach Kenntnisse in

- Verarbeitung und Aufbereitung von Medien im Audio-/Videobereich für Webanwendungen

- Webtechnologien speziell Webanimationswerkzeuge

- Screendesign

Zu diesem Zweck werden Spezialisten mit entsprechenden Fähigkeiten benötigt, die nach den Vorstellungen des Autors Assets produzieren.

Unter Multimediakompetenz fällt außerdem auch das Design der Benutzerschnittstelle, also das WBT-Screendesign. Für dieses und die Erstellung einiger Assets werden gestalterische Fähigkeiten benötigt.

WBT-Produktion

Das Kompetenzfeld WBT-Produktion umfasst

- die Umsetzung des Drehbuchs in fertige Webseiten

- die Integration der einzelnen Seiten in eine im Drehbuch definierte Kursstruktur

- die Integration der produzierten Assets

- das Packen des Kurses zu einem kompletten SCORM-Kurs und die Veröffentlichung desselben auf dem Lernportal.

Hier sind vor allem Kenntnisse über SCORM, Administration der Lernplattform Ingenium bzw. Aspen des Lernportals **alex** und Webtechnologien und zugehörige Markupsprachen[4] sowie dynamische Websprachen[5] notwendig.

---

4   Eine Markup-Sprache ist eine Sprache, die ein System von Markierungen definiert. Eine bekannte Markup-Sprache ist die HyperText Markup Language. HTML beschreibt das Layout einer Webseite.

5   Es gibt clientseitige und serverseitige dynamische Websprachen. Mit ihnen können sich Webseiten während der Benutzung verändern. Mit serverseitigen Sprachen wird oft auf eine Datenbank zugegriffen.

Den einzelnen WBT-Entwicklungsstationen können bestimmte Kompetenzfelder zugeordnet werden. Hieraus ergibt sich eine integrierende Darstellung der Abbildungen 2 und 5:

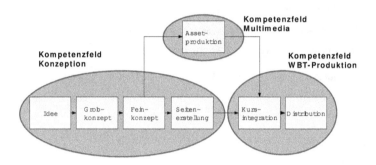

Abbildung 6 Workflow und Kompetenzfelder

Bisher wurden E-Learning Projekte an der Fachhochschule Düsseldorf mit interdisziplinären Teams von Studierenden aus dem Fachbereich Medien und dem Fachbereich Design mit Unterstützung eines wissenschaftlichen Mitarbeiters für die Plattformadministration sowie der Projektleitung durch den Rektoratsbeauftragten für E-Learning durchgeführt. Die Studierenden erfüllten alle Kompetenzfelder. Für das Kompetenzfeld Konzeption in Bezug auf Fachinhalte sind aber die entsprechenden Dozenten besser geeignet.

Im nächsten Abschnitt wird überlegt, wie die Fachkompetenz der Hochschuldozenten in die WBT-Entwicklung eingebracht werden kann. Dazu wird eine mögliche WBT-Entwicklungsteamzusammensetzung vorgestellt und den einzelnen Arbeitsschritten zugeordnet.

4.4 Mögliche Zusammensetzung eines Teams für die Konzeption und Erstellung von WBTs

Ein WBT-Entwicklungsteam mit insgesamt allen zuvor beschriebenen Kompetenzen stellt eine wichtige Basis für die erfolgreiche Lernprogrammproduktion dar. Im Folgenden wird vorgestellt, welche Personen die notwendigen Kompetenzen mitbringen und welche Aufgaben sie konkret im WBT-Entwicklungsprozess erfüllen können.

Assetproduktion und WBT-Programmierung

Aufgrund meist knapper personeller Ressourcen werden viele Weiterentwicklungen an Hochschulprojekten mit Hilfe von Studierenden vorangetrieben. Studierende der Studiengänge Medientechnik und Ton- und Bildtechnik bringen durch den vorgesehenen Lehrstoff ihres Faches in höheren Semestern die notwendigen Kompetenzen auf den Gebieten Multimedia und WBT-Programmierung mit und stellen daher potenzielle Teammitglieder für die WBT-Entwicklung dar. Für die Gestaltung von Assets sind allerdings Designstudierende besser geeignet. Sofern Studierende Interesse an E-Learning Projekten haben, arbeiten sie über 1-2 Semester an einem Teilprojekt. Auf ähnliche Art bearbeiten Diplomanden ein Teilthemengebiet, welches aufgrund der Diplomarbeit besonders gut ausgearbeitet werden kann.

LMS-Entwicklung

Für den administrativen Bereich der Lernplattform steht ein wissenschaftlicher Mitarbeiter, im Folgenden als LMS-Administrator bezeichnet, zur Verfügung. Zusammen mit einigen Studierenden z. B. des Studienganges Medientechnik administriert er die Plattform und nimmt Weiterentwicklungen vor.

Das Team, welches die WBT-Programmierung übernimmt, muss sehr eng mit dem LMS-Entwicklungsteam zusammenarbeiten, da die WBTs ja zu der Plattform technisch und gestalterisch kompatibel sein müssen.

Konzeption

Im ersten Schritt zur Konzeption von Screenlayout und grundlegenden Funktionalitäten wird ein interdiziplinäres Team aus Studierenden der Fachbereich Medien und Design benötigt. Diese Leute gehören dem **alex**-Team an; wobei sich die Studierenden aus dem Fachbereich Medien auch mit der WBT-Programmierung befassen.

Für die inhaltliche Konzeption von WBTs fehlen aber bisher Personen mit ausreichendem Fachwissen. Es kommen hier Hochschuldozenten, wissenschaftliche Mitarbeiter und sofern ein Spezialgebiet vorhanden ist, auch Studierende und Tutoren in Frage. Die zuerst anvisierte Gruppe stellen die Hochschuldozenten dar; denn es geht darum, gerade ihre Lehrveranstaltungen durch virtuelle Lernangebote zu ergänzen. Sie könnten bei Mitwirkung an der WBT-Entwicklung die für ihre Veranstaltungen relevanten Lerninhalte selbst für ergänzende Angebote festlegen. Die Hochschuldozenten für diese Aufgabe zu gewinnen, stellt eine besonders schwierige Aufgabe dar, da sie meist starke zeitliche Einschränkungen haben.

Es gilt, Anreizsysteme zu schaffen, welche sie zu einer Partizipation bewegen können und ihnen die Arbeit so einfach wie möglich zu machen. Letzteres kann einerseits durch personelle Unterstützung und andererseits durch softwaretechnische Möglichkeiten geschehen.

Im Folgenden wird aufgezeigt, welche Personen welche Aufgaben der WBT-Entwicklung übernehmen könnten:

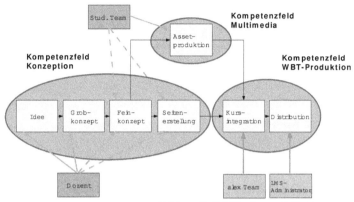

Abbildung 7 Teamstruktur in der WBT-Entwicklung

Das Konzept, also von der ersten Idee bis zum fertigen Drehbuch, fiele in den Aufgabenbereich der Hochschullehrer, wobei sie gegebenenfalls von einem Team aus Studierenden unterstützt werden. Die Dozenten können die Drehbuch- und Asset-entwicklung z. B. als Projekt anbieten und so Studierende zur Mitarbeit gewinnen.

Die Studierenden des Konzeptteams entwickeln zusammen mit dem jeweiligen Dozenten ein Drehbuch für dessen Lernprogramm und setzen die darin beschriebenen Assets um. Mit Hilfe eines einfach zu erlernenden Autorenwerkzeugs können sie, aber auch der Hochschuldozent selbst, die einzelnen Drehbuchseiten größtenteils bereits in Eigenarbeit umsetzen.

Das nun größtenteils fertige WBT wird zusammen mit den erstellten Assets und dem Drehbuch an das **alex**-Team übergeben, welches die Assets an den im Drehbuch beschriebenen Stellen in den Kurs einfügt, sofern dies noch nicht vom Konzeptteam erledigt wurde. Besonders bei Mediaassets, die zur Einsparung von Bandbreite später über einen Streamingserver aufgerufen werden sollen, ist diese Vorgehensweise besser. Wünscht das Konzeptteam einige Funktionalitäten, die sie nicht selbst anlegen können, so beauftragt es das **alex**-Team zur Implementierung. Die entsprechenden Vorstellungen werden im Drehbuch beschrieben, welches das **alex**-Team als Vorlage zur Implementation von speziellen Funktionalitäten verwendet. Zuletzt exportiert das **alex**-Team das WBT als SCORM-kompatiblen Kurs.

Für die spätere Identifizierbarkeit der WBTs ist die Angabe einiger Metadaten erforderlich. Das LMS fordert folgende Metadaten als Pflichtangabe:

- Name des WBTs

- Beschreibung

- Name des Autors

- Inhaltstyp

Diese werden vom Konzeptteam festgelegt und durch den LMS-Administrator überprüft, da es z. B. keine 2 Kurse mit gleichem Namen geben darf.

Die letzten Arbeitsschritte im WBT-Entwicklungs-Workflow werden vom LMS-Administrator ausgeführt:

- Versehen des Kurses beim Hochladen auf das LMS mit Eingabe der vom Konzeptteam festgelegten Metadaten

- Festlegen der Kurs-ID sowie der Zustellungsmethode und des Medientyps (beide immer WBT)

- Freischalten des Kurses für bestimmte Gruppen

Pädagogische Unterstützung der Konzeption

Da nicht unbedingt davon ausgegangen werden kann, dass alle Dozenten mediendidaktische Kenntnisse besitzen, sollte eine weitere Person aus dem pädagogischen Umfeld für die Konzeption hinzugezogen werden. Diese Person sollte am besten fest dem **alex**-Team angehören, um eine gleich bleibende didaktische Qualität zu gewährleisten. Außer pädagogischer Kompetenz muss sich diese Person auch einige Kenntnisse zu SCORM aneignen, um die didaktischen Möglichkeiten der Spezifikation in die WBT-Konzeption mit einfließen zu lassen. Die zuvor genannte Unterteilung des Kompetenzbereiches Konzeption in Fachwissen und Didaktik korreliert mit diesem personellen Konzept.

4.5 Flankierende Werkzeuge

Konzeptionswerkzeuge

Jedes Kompetenzfeld hat seine eigenen Entwicklungswerkzeuge.

Bei der Konzeption werden traditionell Officeprodukte wie z. B. Word oder PowerPoint angewendet.

Oft beginnt die erste Ideensammlung aber auf einem Blatt Papier.

Für die weiteren Arbeitsschritte Grobkonzeption und Feinkonzeption wird Softwareunterstützung genutzt. In der Feinkonzeption wird dann z. B. ein Drehbuch mit PowerPoint erstellt (siehe S.37), wobei jedes einzelne Chart einer Drehbuchseite entspricht.

Vorteil von Officeprodukten ist, dass sie erstens weit verbreitet sind und zweitens von Hochschuldozenten, wissenschaftlichen Mitarbeitern und Studierenden, die die Autorenrolle übernehmen könnten, auch für andere Zwecke oft eingesetzt werden und sie daher mit ihrer Bedienung bereits vertraut sind. Ähnlich verhält es sich mit Anwendern in den anderen Entwicklungsstufen eines WBTs. Sie können so schnell mit dem zentralen Dokument umgehen und die Vorstellungen des Autors umsetzen.

Multimediawerkzeuge

Zur Erstellung der im Drehbuch beschriebenen Assets werden im Kompetenzfeld Multimedia deutlich mehr und unterschiedliche softwarebasierte Werkzeuge benötigt.

Bezüglich Audio- und Videoassets sind als Erstes meist Aufnahmen mit z. B. Videokameras und Audioaufzeichungsgeräten herzustellen, welche anschließend noch geschnitten und nachbearbeitet werden müssen.

Es bieten sich digitale Aufnahmemedien an, da das Endprodukt ebenfalls digital sein soll. Audio- und Videodokumente müssen im letzten Bearbeitungsschritt komprimiert werden, denn schließlich sind sie für die Anwendung im Web gedacht, wo die vorhandene Bandbreite meist stark begrenzt ist. Sofern ein Streamingserver zur Verfügung steht, sollen Audio- und Videoassets in Streamingformate wie Real, Quicktime oder Windows Media komprimiert und konvertiert werden.

Für diese Assets sind außer den Aufnahmegeräten, Schnittsoftware (spezifisch getrennt nach Audio und Video), Effektsoftware aus dem Bereich Postproduction (gegebenenfalls auch 3D-Animationssoftware) und Streamingencodingsoftware zu verwenden.

Für interaktive Animationen und Simulationen werden bei Webanwendungen beispielsweise Flash und Javaapplets eingesetzt. Die Entwicklung von Animationen und Simulationen erfolgt allein mit Software abgesehen von möglicherweise einsetztenten Fotos und Tönen.

Nicht zu vergessen ist die Erstellung von Grafiken und Fotos. Die Grafikerstellung beinhaltet auch das gesamte Benutzerschnittstellendesign. Bei Fotos müssen ähnlich wie Videos vor der Softwarebearbeitung noch digital aufgenommen werden. Da Standbilder und Grafiken auch in Animationen, Simulationen und Videos vorkommen können, sollte ihre Produktion vor der Erstellung der zuerst genannten Mediaassets geschehen.

Gerade das Kompetenzfeld Multimedia erfordert vielfältige Fähigkeiten. Für gute Assets werden also Spezialisten benötigt, die aber nicht unbedingt aus dem E-Learning-Umfeld kommen müssen und daher nach Bedarf hinzugezogen werden können.

WBT-Programmierung

Um nun die im Drehbuch beschriebenen Seiten und ihre Sequenzierung bzw. Vernetzung in einen SCORM-konformen Kurs zu überführen, sind ein oder mehrere speziell für diesen Zweck gedachte Softwarewerkzeuge nötig. Es gilt, HTML-Seiten mit speziellen SCORM-Funktionen zu erzeugen. Gängige Webentwicklungswerkzeuge wie Macromedia Dreamweaver oder Flash bieten Plug-Ins an, mit denen es möglich ist, die jeweils benötigten SCORM-Funktionen durch Auswahl eines Menüpunktes automatisch einfügen zu lassen. Allerdings laufen diese fertigen Kurse nicht ohne manuell vorgenommene Veränderungen problemlos auf Aspen.

Ein speziell aus dem E-Learning Bereich stammendes Werkzeug ist Toolbook von Click2Learn. Mit allen genannten Werkzeugen können vollständig SCORM-konforme Kurse erzeugt werden.

Leider setzt die Benutzung dieser Werkzeuge eine gewisse Einarbeitungszeit voraus.

Ein weiteres Werkzeug, mit dem fertige HTML-Seiten und Assets zu einem Kurs strukturiert und mit SCORM-Funktionen versehen werden können, ist der Coursebuilder+ von Kai Hessing, der im Rahmen seiner Diplomarbeit entstand.

HTML-Seiten mit ihren Assets können per Drag&Drop recht einfach in eine Kapitelstruktur gebracht werden. Vor allem kann auch die Navigation einheitlich innerhalb der einzelnen Lernobjekte per Knopfdruck eingefügt werden. Außer den für SCORM notwendigen Funktionen besteht die Möglichkeit, ein Glossar zu dem Kurs mit dem Coursebuilder+ zu erstellen, sowie ein Archiv mit zusätzlichen Dokumenten mit einzubinden.

Der SCORM-Coursebuilder+ stellt für Personen, die bereits in der Lage sind, eigenständig Webseiten mit HTML, Flash, etc. zu generieren, ein sehr hilfreiches Werkzeug zur Erstellung von SCORM-Kursen dar. Seine Verwendung erweitert die Palette der HTML-Editoren z. B. auch auf textbasierte Editoren wie Homesite von Macromedia.

Als letztes wichtiges Werkzeug ist die Lernplattform Aspen zu nennen, über welche die fertigen WBTs erst distribuiert werden können.

Das LMS gewährt den Zugang zu den WBTs über das Web, wertet deren Metadaten aus, um diese den Anwendern bei Suche nach bestimmten Inhalten auf der Plattform zu präsentieren und übernimmt die Speicherung von Anwendereinstellungen im WBT sowie die Speicherung und Auswertung von Testergebnissen der Lernenden, was als Tracking bezeichnet wird. Ohne das LMS ist ein SCORM-WBT nicht in vollem Funktionsumfang verwendbar, Tracking z. B. ist nicht möglich.

4.6 Probleme der Lernsoftware-Entwicklung

Die Entwicklung von qualitativ hochwertiger Lernsoftware ist oft ein kostspieliger und arbeitsintensiver Prozess. Ein Grund dafür ist der interdisziplinäre Ansatz, der für die Lernsoftware-Entwicklung charakteristisch ist. Häufig wird Lernsoftware von Grund auf neu entwickelt, da meist explizit definierte, integrierende Prozesse bzw. Workflows, die alle Beteiligten unterstützen, nicht existieren. Seit langem eingespielte Teams bilden ihre eigenen Workflows, aber bei fluktuierender Teamzusammensetzung müssen sich die Beteiligten erst aufeinander einstellen, wenden andere Methoden und Werkzeuge an als ihre Vorgänger und somit entstehen oft völlige Neuentwicklungen.
(vgl. [Grue2002] S.1)

Das Problem der fluktuierenden Teamzusammensetzung ist auch an der FH Düsseldorf vorhanden, da einige der in Frage kommenden Teammitglieder Studierende sind, die irgendwann auch ihr Studium beendet haben und nicht mehr verfügbar sind.

Wird nun ohne festgelegten Workflow mit immer unterschiedlichen Werkzeugen Lernsoftware entwickelt, so entstehen unnötige Kosten durch verschwendete Zeit bei ständigen Neuentwicklungen.

Diesen Problemen kann mit einer definierten, systematischen Vorgehensweise bei der WBT-Entwicklung begegnet werden. Ein Teil einer solchen Methodik bezüglich Kompetenzen und Teamstrukturen wurde bereits vorgestellt (Kapitel 4.3, 4.4). Es besteht aber weiterer Entwicklungsbedarf hinsichtlich der Unterstützung durch Werkzeuge.

Die vorgestellten Werkzeuge der WBT-Programmierung bedürfen in ihrer Bedienung einer längeren Einarbeitungszeit und die jeweilige Neuentwicklung von HTML-Seiten mit möglicherweise auch variierendem Layout kostet zusätzlich Zeit und Ressourcen.

Effizienzsteigerndes Autorenwerkzeug

Gesucht wird ein Werkzeug, welches so einfach zu verwenden ist, dass die Autoren direkt mit in den Produktionsprozess miteinbezogen werden können. Die hinter dieser Anforderung steckende Intention ist die Steigerung der Produktionseffizienz.

Die zu erfüllenden Aufgaben eines solchen Werkzeuges sind

- Erstellung von Vorlagen für Autoren

- individueller Zuschnitt bezüglich Vorlagen und Funktionalitäten

- Anbindung von externen Webfunktionen

- Export von SCORM-kompatiblen WBTs

- Einbinden verschiedenster Dateiformate

- Erstellung von trackbaren Tests

Ein in Frage kommende Software ist z. B. Lectora. (siehe Rapid Content Development Tools S.8) Lectoras Fähigkeiten fließen direkt in die Konzeption von Kapitelstrukturierungen in Kapitel 5.9 und Lernwegstrukturen in Kapitel 5.10 mit ein. Bisherige Tests mit diesem Werkzeug haben es als geeignet erscheinen lassen. Es ist ähnlich leicht wie PowerPoint zu bedienen, welches viele Dozenten für ihre Vorlesungen verwenden. Diese Ähnlichkeit zu einem bekannten Werkzeug erleichtert eine Einarbeitung deutlich.

Durch die einfache Bedienbarkeit entfällt möglicherweise sogar das Schreiben des Drehbuches z. B. in PowerPoint. Autoren können Lectora quasi als Werkzeug für das Schreiben des Drehbuches verwenden. Dies hat den Vorteil, dass die „Drehbuchseiten" bereits funktionsfähig sind und Übertragungsfehler vom Drehbuch zu den WBT-Seiten minimiert werden. Das nachfolgende Kapitel befasst sich mit der Schnittstelle Konzept/Umsetzung im WBT-Entwicklungs-Workflow und erläutert, welche weiteren Verbesserungen der Produktionseffizienz zusätzlich zur Verwendung eines Autorenwerkzeugs wie Lectora geleistet werden können.

4.7 Schnittstelle Konzept/Umsetzung

Bei eingespielten Teams kann die Umsetzung des Feinkonzeptes (Drehbuch) in fertige HTML-Seiten relativ effizient erfolgen, aber es bleibt dennoch eine Menge zeit- und ressourcenbeanspruchende Arbeit. Während der Konzeption muss sich der Autor im Normalfall auch intensiv Gedanken über das Screendesign/Seitenlayout, didaktische Strukturen und gewünschte Funktionen machen und dies auch explizit und detailreich im Drehbuch beschreiben. Diese Vorstellungen müssen oft mühsam in Handarbeit von den Webentwicklern und -designern in HTML und zusätzlichen Websprachen umgesetzt werden. Diese Vorgänge wiederholen sich bei jeder neuen Lernprogrammentwicklung und machen sie ineffizient und teuer, auch wenn ansonsten ein definierter Workflow existiert, der die reibungslose Zusammenarbeit der einzelnen Teammitglieder ermöglicht.

Für den Schritt der *Contentintegration* können aber Vorlagen und Werkzeuge identifiziert bzw. entwickelt werden, die diesen Vorgang effizienter machen.

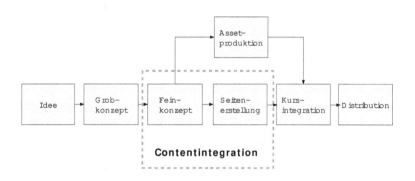

Abbildung 8 Schnittstelle Konzept – WBT-Programmierung

Im Rahmen des Projektes E-Learning Workbench wurde im Sommersemester 2003 nach eingehender Recherche definiert, dass zur Effizienzsteigerung des WBT-Produktionsprozesses Vorlagen für

- Seitenlayout von einzelnen WBT-Seiten

- Grund- und Zusatzfunktionen sowie

- didaktisch sinnvollen Sequenzen von Lernobjekten für bestimmte Lernziele

den Dozenten als Autoren helfen können.

Außerdem können bei Verwendung von Lectora die Inhalte direkt ohne den Prozess des Drehbuchschreibens in einem weiteren Werkzeug in die WBT-Seiten eingefügt werden. Feinkonzeption und Seitenerstellung werden zu einem einzigen Prozess.

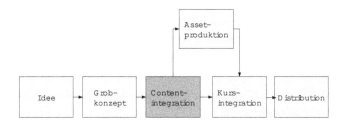

Abbildung 9 Feinkonzept und Seitenerstellung als Prozess der Contentintegration mit Lectora

4.8 Zusammenfassung

Zur effizienten Entwicklung von WBTs ist ein definierter Workflow hilfreich. Zu diesem Zweck wird an der Fachhochschule Düsseldorf eine *E-Learning Workbench* konzipiert. Diese wird definiert als die *Summe aller Werkzeuge, Vorlagen, Methoden, Prozesse und Systeme zur WBT-Entwicklung gemäß dem festgelegten Workflow.*

Prozesse und Kompetenzen

Zu den ersten Prozessschritten, die Konzeptionskompetenz benötigen gehören

- Idee

- Grobkonzept

- Feinkonzept

- Seitenerstellung

Ab der Feinkonzeption erfolgt parallel die Assetproduktion, die Multimediakompetenz benötigt.

Anschließend werden Assets und fertige WBT-Seiten im Prozessschritt Kursintegration zu einem fertigen WBT zusammengefügt und dieses wird in der letzten Phase auf das LMS hochgeladen. Kursintegration und Distribution über das LMS erfordern spezielle Kenntnisse über E-Learning-Spezifikationen und die Funktionsweise des LMS und bilden die WBT-Produktions-Kompetenz.

Teams

Die Teams der einzelnen Phasen der WBT-Entwicklung setzen sich interdisziplinär zusammen. So gehören der Konzeption in der Vorbereitung eines allgemeinen Screenlayouts und grundlegender Funktionalitäten Studierende der Fachbereiche Design und Medien an.

Sind diese Vorlagen vollendet, so können in der inhaltlichen Konzeptionsphase Dozenten und ihre Projektstudierenden die Erstellung von Drehbüchern und der einzelnen Seiten von Lernprogrammen selbst übernehmen.

Diese Studierenden nehmen sich schließlich auch die Assetproduktion an.

Kursintegration und WBT-Distribution werden vom **alex**-Team, einem interdisziplinären Team aus Studierenden, und dem LMS-Administrator übernommen.

Werkzeuge

Als typische Werkzeuge können für den Konzeptionsbereich

- Officeprodukte und

- Lectora

benannt werden.

Die Assetproduktion bedient sich gängiger Audio- und Videoschnitt- sowie Animationswerkzeuge.

Für die WBT-Produktion bis zur Distribution der WBTs wird Lectora und das LMS Aspen verwendet.

Effizienzsteigernde Konzepte

Es besteht allerdings ein Unterschied zu typischen WBT-Konzeptions- und Entwicklungsprozessen, denn die Seitenerstellung war bisher Bestandteil des WBT-Programmierungsprozesses. An der Fachhochschule Düsseldorf soll den Hochschuldozenten die Möglichkeit gegeben werden, große Teile ihrer Lernprogramme selbst oder mit Hilfe von Studierenden umzusetzen.

Dazu können sie das einfach zu bedienende Autorenwerkzeug Lectora nehmen, welches das direkte Einfügen von Lerninhalten in WBT-Seiten ermöglicht. Dadurch kann das Schreiben eines Drehbuches in einem weiteren Werkzeug entfallen.

Da die Autoren aber auch noch weitergehend inhaltlich und in Bezug auf das Layout unterstützt werden können, werden im folgenden Kapitel Konzepte für

- Seitenlayout von einzelnen WBT-Seiten

- Grund- und Zusatzfunktionen sowie

- didaktisch sinnvollen Sequenzen von Lernobjekten für bestimmte Lernziele

vorgestellt.

5 Vorschläge zur Vereinfachung des WBT-Entwicklungs-Workflows

Die grundsätzlich notwendigen unterstützenden Maßnahmen in technisch/ organisatorischer Hinsicht an der Schnittstelle Konzeption/WBT-Umsetzung werden nun genauer spezifiziert. Dies könnte beispielsweise darin bestehen, den Hochschullehrern Vorlagen für

  – WBT-Seiten

  – deren Sequenzierung in einem Lernobjekt

  – die Abfolge oder netzwerkartige Struktur der Lernobjekte in einem WBT

und Werkzeugen zur Verwendung dieser Vorlagen an die Hand zu geben.

Diese Vorlagen und Werkzeuge dienen der Vereinfachung der Konzeptionsphase.

Um sie aber angemessen verwenden zu können, benötigen Autoren ein grundlegendes Verständnis didaktischer Gestaltungsmöglichkeiten, die sich auch technisch realisieren lassen. Ebenso wichtig sind gestalterische Grundlagen, die Lernenden eine bessere Informationsaufnahme gewähren. Nicht zuletzt sollten die wichtigsten Eigenschaften der anvisierten Zielgruppe bei der Konzeption von Lernprogrammen berücksichtigt werden.

Zu diesem Zweck wird zunächst die Lernprogrammzielgruppe untersucht, Grundlagen in didaktischer und technischer Hinsicht sowie wahrnehmungspsychologische Aspekte für das Screendesign gelegt.

Im Projekt E-Learning Workbench wurden auch zusätzliche Funktionen für Lernende in WBTs definiert, die ebenfalls vorgestellt werden, da zukünftige Autoren diese in ihre Lernprogrammkonzeption mit einbeziehen sollen.

Schließlich werden basierend auf den didaktischen, gestalterischen und technischen Grundlagen Konzepte zur Strukturierung und Sequenzierung von unterschiedlichen Inhaltstypen in WBTs vorgestellt.

5.1 Betrachtung der Zielgruppen und Lernziele

Nach Kerres (vgl. [Kerr2001] S.138ff.) lässt sich die Zielgruppe anhand zentraler Merkmale beschreiben:

– Soziodemographische Daten

– Vorwissen

– Motivation

– Lerngewohnheiten

– Lerndauer

– Medienkompetenz/Lernorte und Medienzugang

– Einstellungen und Erfahrungen

An der Fachhochschule Düsseldorf kann die zunächst anvisierte Gruppe der Studierenden konkret beschrieben werden. Eine Analyse fand im Rahmen der Studie des MKI zu „Einsatz von E-Learning als Ergänzung zu den Lehrveranstaltungen der Studieneingangsphase an der FH" statt. (vgl. [EM2003] S.41ff.)

Soziodemographische Daten/Vorwissen

Insgesamt bilden die Studierenden eine sehr heterogene Gruppe. Sie gehören einem von 7 sehr unterschiedlichen Fachbereichen an:

– Architektur

– Design

– Elektrotechnik

– Maschinenbau

– Medien

– Sozialarbeit und Sozialpädagogik

– Wirtschaft

Die Zugangsvoraussetzungen der jeweiligen Studiengänge setzen Fachhochschulreife voraus bzw. eine Einstufungsprüfung falls diese nicht vorliegt. Darüber hinaus wird bei fast allen Studiengängen ein Vorpraktikum gefordert und bei 6 Studiengängen ist eine künstlerische Eignungsprüfung zu absolvieren. Die Studierenden weisen im Allgemeinen also fachbezogene Praxiserfahrung und teilweise auch eine studiengangsbezogene Eignung auf. (vgl. [EM2003] S.41)

Eventuell lohnt sich der Einsatz von Eingangstests, um einen bestimmten Lernweg[6] im WBT vorschlagen zu können.

Die Verteilung nach Männern und Frauen weicht in 2 Fachgebieten von einer ungefähr hälftigen Aufteilung ab. Im Sozialbereich sind mehr Frauen und im Bereich Technik deutlich mehr Männer vorhanden. Ausländische Studierende finden sich vor allem im Bereich Technik mit ca. 21%, die anderen Fachgebiete haben Anteil von ca. 5-16%. (vgl. [EM2003] S.42)

Motivation

WBTs können sowohl als Pflichtmodule in Praktika eingesetzt werden als auch als freiwillige zusätzliche Weiterbildungsmöglichkeiten, wobei einige Lernprogramme dem Erwerb von notwendigem Grundwissen für einige Lehrveranstaltungen dienen können.

Daraus ergeben sich sowohl extrinsische Motivation (von außen) bei Praktika als auch intrinsische Motivation (aus eigenem Antrieb) bei freiwilliger Weiterbildung und dem Erwerb von Grundwissen. Bei Letzterem steht die Motivation, sein Studium möglichst effizient und erfolgreich abzuschließen, dahinter.

Lerngewohnheiten und Lerndauer

Bei freiwilligen Angeboten bleibt es den Studierenden überlassen, wann und wie sie mit den Lernprogrammen arbeiten. Bei Praktika besteht allerdings möglicherweise eine zeitliche Einschränkung sofern hier die WBTs zu bestimmten Laboröffnungszeiten in der FH bearbeitet werden sollen. Ein Modularisierung der WBTs in kleine Lerneinheiten ist aber sinnvoll, so dass kurze Lücken im Alltag für E-Learning Angebote genutzt werden können. Modularisierung ist also nicht nur für Lehrende nützlich. (siehe Kapitel 3.3 S.29)

---

6   Näheres zu Lernwegvorlagen in Kapitel 5.10

Medienkompetenz/Lernorte und Medienzugang

In der 16. Sozialerhebung des Deutschen Studentenwerks über „Computernutzung und Neue Medien im Studium" (vgl. [CNM2002] S.66) wurde festgestellt, dass eine deutliche Mehrheit der Studierenden der Studieneingangphase einen Computer nutzen können. Aufgrund der infrastrukturellen Ausstattung der FH Düsseldorf mit PC-Nutzungsmöglichkeiten – in ca. 20 PC-Pools gibt es etwa 300 mehr oder weniger für Studierende zugängliche Computer – kann der Zugang zur Computernutzung allein über PC-Pools der FH nicht gewährleistet werden. Dies gilt ebenfalls für den Zugang zu Computeranwendungen, die für die Studienbereiche Technik und Gestaltung innerhalb des Studienverlaufes notwendig sind. Viele Studierende besitzen allerdings auch zu Hause einen eigenen Computer, den sie verwenden können. (vgl. [EM2003] S.53)

Die Studierenden der Fachbereiche Sozialarbeit und Pädagogik haben in der Regel Vorpraktika absolviert, wo nicht unbedingt PC-Anwenderkompetenz notwendig ist. Solche Tätigkeiten werden nicht vorausgesetzt. Bei Studierenden der technischen Gebiete ist diese aufgrund der vorausgesetzten studienbezogenen praktischen Tätigkeit häufig in überdurchschnittlichem Maße vorhanden. Sofern die studiengangsbezogene praktische Tätigkeit Möglichkeiten zur PC-Nutzung bot, kann bei Studierenden der Fachbereiche Architektur, Design und Wirtschaft von einer PC-Anwendungs-basiskompetenz ausgegangen werden. Es muss daher für die gesamte Studierenden-schaft in der Eingangsphase von einer heterogenen Gruppe mit sehr unterschiedlichem Vorwissen ausgegangen werden. (vgl. [EM2003] S.53)

Einstellungen und Erfahrungen

Diese heterogene Struktur in der gesamten Studierendenschaft der FH Düsseldorf bezieht sich ebenfalls auf die Akzeptanz von computergestützten Lernprogrammen und internetgestützten Lehrveranstaltungen – d. h., dem Einsatz von E-Learning als Ergänzung zu den Lehrveranstaltungen. In den technischen Fachbereichen ist durch den alltäglichen Umgang mit Computern die Akzeptanz mit Sicherheit höher einzuschätzen als dies möglicherweise in den sozialen Fachbereichen der Fall ist. (vgl. [EM2003] S.53f.)

Daher sollte eine ausführliche Hilfe in der Programmbedienung mit eingeplant werden und auch Präsenzeinführungen helfen bei der Akzeptanz.

Je nachdem, ob nun die gesamte Studierendenschaft der FH Düsseldorf als Zielgruppe eines zu entwickelnden Lernprogrammes angesehen wird oder z. B. nur Studierende eines einzelnen Studienganges, so empfiehlt es sich nach Kerres (vgl. [Kerr2001] S.314) über die grundsätzliche Struktur des geplanten Lernprogrammes zu entscheiden.

In folgender Tabelle unterscheidet er nach sequentiellen und logisch strukturierten Interaktionsräumen. WBTs können auch als solche angesehen werden:

	Sequentielle Lernwege	Offener Interaktionsraum
(1) Lehrstoff	hierarchisch gegliedert	flach gegliedert
(2) Lernsituation	formell	informell
(3) Zielgruppe	homogen	inhomogen, dispers
(4) Lernstil	unselbständig	selbständig
(5) Motivation	extrinsisch	intrinsisch
(6) Vorwissen	niedrig	hoch

Tabelle 1 Entscheidungskriterien für die Struktur von Interaktionsräumen

Praktisch gesehen wird eher eine Lernsoftware mit einer Struktur aus einem Gemisch der beiden Extreme entstehen, wenngleich auch mit einem Schwerpunkt in die eine oder andere Richtung. Auch sollte bei der Entscheidung für eine grundsätzliche Struktur beachtet werden, welches Lernziel verfolgt wird.

Es ist zu benennen, was die Zielgruppe nach dem Durcharbeiten des Lernangebotes können sollte und an welchen Parametern sich dies äußern sollte. Kerres differenziert diese beiden Strukturen in Bezug auf Lernziele noch weiter. Dieses Modell wird im nachfolgen Abschnitt dargestellt.

5.2 Aufbau und Struktur von Lernprogrammen

Fachliche Inhalte müssen in Hinblick auf die angestrebten Lernziele aufbereitet werden, um in qualitativ hochwertige Lernangebote umgewandelt werden zu können. Die Bearbeitung dieser Lernangebote soll gezielt bestimmte Lernerfahrungen anregen. (vgl. [Kerr2001] S.313)

Um dieses Ziel zu erreichen, ist ein bestimmter didaktischer Aufbau erforderlich. Doch welche Möglichkeiten bieten sich einem Lernprogrammautor?

Eine Lernsoftware kann linear oder verzweigt aufgebaut sein, sie kann den Lerner aktiv in den Lernprozess einbeziehen, mit Übungen und eigenen Entwürfen, sie kann versuchen den Lerner spielend an den Stoff heranzuführen oder sie kann versuchen die Realität per Simulation auf einer Rechnerumgebung darzustellen.

Zur Vereinfachung der Konzeption eines Lernprogrammes kann auf didaktische und navigatorische Grundstrukturen zurückgegriffen werden. Welche nun geeignet ist, richtet sich einerseits nach der Zielgruppe und andererseits nach dem gewünschten Lernziel.

In den folgenden Kapiteln werden diese Strukturen und deren Fusion mit technisch durch Spezifikationen gegebene Strukturierungsmöglichkeiten vorgestellt.

5 .2 .1 D idaktische S truktur m edialer Lernangebote

Kerres unterscheidet vier didaktische Strukturen: Sequentiell strukturierte Lernangebote (Exposition), Logisch strukturierte Lernangebote (Exploration), Werkzeuge der Wissenskonstruktion und Mediengestützte Kommunikation

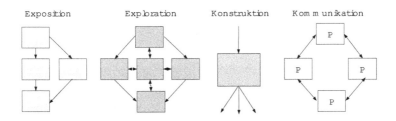

Abbildung 10 Didaktische Strukturen medialer Angebote nach [Kerr2001] S.313

Bei der *Exposition* wird Wissen in einer bestimmten Sequenz präsentiert, d. h. es wird Wissen über Fakten vermittelt. Der Lernende rezipiert und wird gegebenenfalls am Ende abgefragt. Es findet also eher eine passive Wissensaufnahme statt.

In einer *explorativen Umgebung* ist der der Lernende frei in seiner Wahl des Lernweges. Er kann seinen Interessen entsprechend durch ein hypertextartiges Lernangebot hindurchbrowsen. Die Hypertextform birgt allerdings die Gefahr, dass sich weniger erfahrene Lernende in dieser Umgebung verlieren und so kein mögliches Lernziel erreicht werden kann.

In Lernumgebungen, die der *Konstruktion* von Wissen dienen, werden intellektuelle Fähigkeiten trainiert. Der Lernende bildet sich in dieser Umgebung sein eigenes Weltbild und entwickelt eigene Lösungen mit Hilfe von Medien als Werkzeugen zu vorgestellten Problemen. Konstruktive Umgebungen haben häufig Spielcharakter. Es wird eine Ausgangssituation geschaffen, wo der Lernende diese mit aktivem Problemlösen in einen anderen, möglicherweise besseren Zustand überführen soll. Oder er untersucht z. B. in einer Simulation das Verhalten eines bestimmten Phänomens unter Veränderung eines oder mehrerer Parameter. Es kann sich aber auch um einfache Wissenspräsentationen handeln, die durch den Einsatz von zusätzlichen Funktionen, wie einer Notiz- und Lesezeichenfunktion flankiert werden.

Die Struktur der Konstruktion ist allerdings im Gegensatz zu den beiden erstgenannten nicht direkt mit einer Navigationsstruktur im Lernprogramm gleichzusetzen. Die Konstruktion bezieht sich auf das Konstruieren von Wissen im Geiste des Lernenden.

Eine Lernumgebung mit *kommunikativem Charakter* beinhaltet Dialogkomponenten. Hierzu gehören z. B. virtuelle Klassenräume, eine Art Chat mit realen Personen, die durch virtuelle Abbilder repräsentiert werden. Es können möglicherweise auch Programme gemeinsam von den Teilnehmern bedient werden; dies nennt sich dann Application Sharing. Allgemein gehören Chats, Foren und auch E-Mail-Verkehr mit einem menschlichen Tutor zur kommunikativen Struktur.

Das folgende Kapitel befasst sich mit der Abbildung dieser didaktischen Strukturen in technisch realisierbaren Navigationsstrukturen.

5.2.2 Navigationsstrukturen nach technischen Spezifikationen

Einige der im vorigen Kapitel dargestellten Strukturen sind relativ einfach in Websitestrukturen umszusetzen.

Die Exposition mit ihren sequenziellen Pfaden und die Exploration mit ihrer vernetzten aber frei navigierbaren Struktur lassen sich z. B. in folgende Webnavigationsstrukturen umsetzen, wobei die in den Abbildungen dargestellten Seiten wahlweise tatsächlich einzelnen Bildschirmseiten repräsentieren können oder auch ganze Lernobjekte. Die ADL[7] Guidelines for Course Navigation, denen die Darstellungen und teilweise auch Inhalte entnommen sind, meinen aber meist die Repräsentation als Lernobjekt. (vgl. [Jones2003])

Lineare Navigation

Abbildung 11 Lineare Struktur

Die einfachste Navigationsform ist die lineare Abfolge von Seiten oder Lerneinheiten. Sobald der Lernende eine Seite oder Lerneinheit bearbeitet hat, folgt die nächste bis zur letzten Seite der Lerneinheit bzw. die letzte Lerneinheit. gegebenenfalls kann noch seitenweise vor oder zurück gesprungen werden. Die gänzlich lineare Form kann abweichend z. B. auch in ein zwei pfadiges Modell umgesetzt werden. Näheres zu dieser Form wird in Kapitel 5.10 diskutiert.

---

7   Advanced Distributed Learning (ADL) Initiative: Organisation gegründet von der U.S. Regierung, der Industrie und Hochschulen, welche es sich zur Aufgabe gemacht hat, eine Lernumgebung zu entwickeln, welche den Austausch von Lernwerkzeugen und E-Learning-Kursinhalten auf globaler Ebene ermöglicht. (http://www.adlnet.org)

Hierarchische Navigation

Abbildung 12 Hierarchische
Struktur

Die hierarchische Form ist eine Abwandlung der linearen. In ihrer einfachsten Variante wird dem Lernenden eine Inhaltsübersicht (Table of Contents) präsentiert, von der aus er zur gewünschten Lerneinheit springen kann. Die nächste komplexere Form beinhaltet z. B. einen Home-Button, der auf die oberste Ebene zurückführt oder auch nur jeweils eine Ebene höher.

Gitternavigation

Abbildung 13 Gitterstruktur

Die Gitterstruktur ist der hierarchischen sehr ähnlich, nur erlaubt sie eine Navigation in 2 Richtungen, innerhalb der gleichen Ebene und das Springen zwischen 2 Ebenen.

Der Lernende kann einen speziellen hierarchischen Pfad zur Bearbeitung einer Lerneinheit bzw. des gesamten Kurses wählen oder es wird eine Adaptivität implementiert, die je nach Leistung des Lernenden eine bestimmten Pfad vorgibt, dem der Lernende folgen muss.

Andere Beispiele, wo sich eine Gitternavigation eignet, wären:

– Kurse, deren Inhalt chronologisch nach Thema angeordnet werden können

– Kurse, deren Inhalt räumlich nach Thema angeordnet werden kann

– Kurse, deren Inhalt sowohl eine zeitliche als auch räumliche Dimension hat

(vgl. [Jones2003])

Es können auch komplexere Gitterstrukturen implementiert werden, wobei aber darauf geachtet werden muss, dass diese noch intuitiv vom Lernenden erfasst werden können.

Hypertextnavigation

Abbildung 14 Hypertextstruktur

In einer Hypertextstruktur kann der Lernende andere Seiten von jedem Punkt, wo er sich befindet, anspringen. Er kann die Inhalte eines Kurses relative frei erforschen. Dies ermöglicht es ihm seine eigenen gedanklichen Zusammenhänge zwischen den Themen im Kurs zu bilden. (vgl. [Jones2003]) Hypertextstrukturen sind allerdings oft schwer für den Nutzer zu verstehen und es kann zu Phänomenen wie „Lost in Hyperspace" kommen. Unerfahrene Lernende können sich leicht verirren und es wird kein echter Lerneffekt erzeugt.

Hypertextstrukturen sind aber nach der E-Learning Spezifikation SCORM, die in Kapitel 5.3 beleuchtet wird, nicht ohne Weiteres einsetzbar. Der Grund dafür ist die geforderte Unabhängigkeit der Lernobjekte in SCORM. Kein Lernobjekt darf auf ein anderes verweisen.

Empirische Navigation

Abbildung 15 Empirische Struktur

Empirische Strukturen nutzen Metaphern zur Kursnavigation. Ein typisches Beispiel ist die virtuelle Abbildung eines Gebäudes mit einer Empfangshalle und verschiedenen Räumen, die durch anklicken ihrer Türen betreten werden können. Die Räume sind dann die jeweils nächsten Seiten. Dahinter steckt dann oft eine Hypertextnavigation, die aber durch die Verwendung einer Metapher nicht direkt als solche erkennbar ist. Im Gegensatz zur Hypertextstruktur hat eine empirische Struktur meist eine endliche Anzahl von Links, die nur innerhalb des Kurses bzw. der Metapher verlinken. Ein hypertextbasierter Kurs kann eine stetig wachsende Anzahl von Links aufweisen, insbesondere wenn externe Internetinhalte verlinkt werden. (vgl. [Jones2003])

Die Verwendung einer Metapher eignet sich vor allem für virtuelle Welten, die vom Lernenden erforscht werden sollen und für Spiele, wo mit einer Art Entdeckungsreise eine Problem identifiziert und Lösungsmöglichkeiten gesucht werden sollen. Dabei gibt es keinen vorgegebenen Weg; der Lernende sucht sich seine eigenen Pfade und Antworten in dieser virtuellen Welt (in der Didaktik auch Mikrowelt genannt).

Die dargestellten Strukturen eignen sich sowohl für Offline-Content als auch für WBTs.

Die Distribution von WBTs über ein im Web zur Verfügung stehendes Lernportal bietet noch andere Möglichkeiten aber auch Einschränkungen, die bei der Strukturierung beachtet werden sollten.

Webinhalte sind sehr schnell austausch- und aktualisierbar aber aufgrund der verwendeten Technologien auch nach längerer Zeit noch einsetz- und auf andere Plattformen übertragbar. Nun stellen sich für die Verwendung von Webinhalten weitere Fragen:

- Sind WBTs lange Zeit einsetzbar?

- Sind sie auch in Teilen wiederverwendbar und leicht zu aktualisieren?

- Wie einfach sind sie für Anwender und Autoren zugänglich?

- Können WBTs auch plattformunabhängig (sowohl clientseitig als auch serverseitig) gestaltet werden?

Wenn z. B. der Distributionsserver ein Systemupdate durchläuft, können die vorhandenen WBTs ohne Updatemaßnahmen noch in vollem Funktionsumfang genutzt werden?

Eine Antwort auf diese Fragen bieten E-Learning Standards und Spezifikationen. Eine in Frage kommende Spezifikation wird im nächsten Kapitel analysiert.

5.3 Exkurs: Erläuterung von E-Learning Standards am Beispiel SCORM

Mit Hilfe von E-Learning Standards sollen verschiedene Produkte vergleichbar und kompatibel gemacht werden. Bei Learning Management Systemen ist es auch wichtig, Inhalte austauschen zu können bzw. die Sicherstellung der Kompatibilität (auch in Zukunft) von System, Inhalt und Plattform zu gewährleisten. Bezogen auf Hardware gibt es heutzutage z. B. andere gängige Datenträger als noch vor einigen Jahren. Mit der Zeit verschwinden manche Arten von Datenträgern gänzlich. Daten, die auf solchen älteren Datenträgern lagern, sind so nur noch schwer oder gar nicht zugänglich. Auch unterschiedliche Betriebssysteme können aufgrund unterschiedlicher Datenträgerformattierungen bezüglich Datenaustausch zu erheblichen Problemen führen.

Um diesen Widrigkeiten entgegen zu wirken, sollen Standards gemeinsame Schnittstellen schaffen. Bei E-Learning Angeboten gilt dies insbesondere für die Grafikdarstellung, die Datenspeicherung, den Datentransfer, die Struktur und den Aufbau.

Außer Standards existieren auch noch Spezifikationen, die aber jeder Hersteller selbst definieren kann, und daher ist zwischen verschiedenen Herstellern dann wieder keine Kompatibilität gewährleistet. Standards hingegen werden durch öffentliche Gremien definiert und von vielen unabhängigen Organisationen geprüft. Nutzer werden immer versuchen, ein Produkt zu kaufen, welches sich an möglichst viele Standards hält. Nur so können sie sicher gehen, dass die Arbeit mit diesem Produkt auch noch nach einigen Jahren möglich ist. Standards ebnen den Weg von Insellösungen zu umfassenden und zukunftsorientierten Produkten.

Im Projekt „Analyse von E-Learning Standards und Erstellung von Kurserstellungsrichtlinien" im Wintersemester 2002/2003 wurde die Spezifikation SCORM genauer untersucht. Die folgenden Ausführungen entstammen in überarbeiteter Form den Teilen des Projektabschlussberichtes, welche von der Verfasserin dieser Diplomarbeit erstellt wurden. (vgl. [KKPSS2003] S.4-15, 64-66)

SCORM

Eine besonders auf die Struktur eines WBTs ausgerichtete Spezifikation ist SCORM (Sharable Content Object Reference Model). Sie umfasst außerdem einige andere Standards und Spezifikationen und stellt daher ein besonders zukunftsorientiertes Modell dar. Derzeit ist SCORM aber noch in der Entwicklung und konnte daher noch nicht den Status eines Standards erhalten, da es aber von vielen Firmen und Organisation anerkannt ist und eingesetzt wird, kann von einem *de-facto-Standard* gesprochen werden. (vgl. [Jones2002] S.1)

Die Anforderungen, die SCORM an ein WBT stellt, ermöglicht auch Autoren eine gute Handhabbarkeit.

SCORM folgt dem aktuellen Trend, der durch XML (Extensible Markup Language) mit der Trennung von Inhalt und Form begründet wurde und zu einer Modularisierung ganzer Programme geführt hat, indem es die Lerninhalte vom Layout und der Funktionalität der Lernprogramme abspaltet und definiert, wie beide Teile miteinander kommunizieren.

Die wichtigsten Prinzipien von SCORM stellen folgende Anforderungen an die Planung von Kursen:

- *Reusable*: wiederverwendbar, einfach zu verändern mit verschiedenen Entwicklungstools

- *Accessible*: zugänglich, können sowohl von Lernern als auch Entwicklern gesucht und ihnen zur Verfügung gestellt werden

- *Interoperable*: plattformunabhängig, funktioniert auf verschiedenen Betriebssystemen, unterschiedlicher Hardware und verschiedenen Browsern

- *Durable*: dauerhaft, Kurse müssen bei Systemupdates ohne große Anpassung weiter verwendbar sein.

(vgl. [Jones2002] S.4)

SCORM ist eine Sammlung von Standards und Spezifikationen die vor allem Folgendes beschreiben:

- Struktur und Packen des Inhalts eines WBTs (Content Packaging)

- Kommunikation zwischen WBT und LMS (Runtime Environment)

- Metadaten zur Beschreibung der Kurse bzw. ihrer einzelnen Lernobjekte zur leichteren Identifizierung

Content Packaging

Die IMS Content Packaging Specification Version 1.1.2 legt einen standardisierten Satz von Kursstrukturen fest, um Inhalte austauschen zu können.

SCOs und Assets als Ressourcen werden über Organizations bzw. Aggregations baumartig miteinander verknüpft. Diese Baumstruktur wird für den Anwender ähnlich dem Windowsexplorer als so genannte *Table of Contents* sichtbar, mit Hilfe derer er im Kurs navigieren kann. Die gesamte Struktur wird als Content Aggregation bezeichnet.

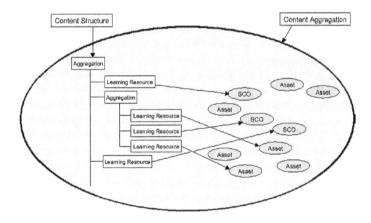

Abbildung 16 SCORM Content Aggregation, Quelle: ADL SCORM Content Aggregation Model 2001

SCOs

SCORM definiert den Inhalt eines Kurses über mehrere Aggregationsstufen. Die kleinsten Elemente sind die *Assets*. Aus Assets können *Sharable Content Objects* (SCOs) zusammengestellt werden, die wiederum in einer bestimmten Anzahl und Anordnung einen Kurs ergeben. Assets und SCOs werden jeweils als Ressourcen bezeichnet. Ein SCO stellt außerdem die kleinste Lerneinheit, z. B. eine Lektion dar.

Der bedeutende Unterschied zwischen Assets und SCOs ist, dass SCOs mit dem LMS Daten austauschen bzw. „kommunizieren" können und Assets nicht. Assets können aber auch angezeigt werden ohne in ein SCO eingebettet zu sein.

Wichtigste Bedingungen für SCOs zur Erfüllung der SCORM-Konzepte:

– SCOs sollen kontextunabhängig und in sich abgeschlossen sein, d. h. ein SCO darf sich keine Assets mit einem anderen SCO teilen und auch nicht mit einem anderen SCO verknüpft sein. Ein SCO darf kein anderes SCO starten, dies bleibt dem LMS überlassen. Dies dient der Wiederverwendung von SCOs in anderen Lernprogrammen.

– SCOs werden mit Meta-Daten versehen, damit sie indiziert und demnach gefunden werden können. Dies dient der Kurserstellung; inhaltlich verwandte SCOs können so leicht identifiziert werden und zu einem Kurs zusammengestellt werden. Dasselbe gilt für Assets.

Package Interchange File

Das Package als fertig „geschnürtes Paket" eines Gesamtkurses wird ebenfalls mit Metadaten beschrieben. Metadaten, im Package enthaltene Ressourcen und deren Anordnung (Organization) werden in der Manifestdatei (im XML-Format) beschrieben, welche vom LMS beim Start eines Kurses ausgelesen und über die Table of Contents angezeigt wird. Der Standardname der XML-Datei ist imsmanifest.xml. Ein Manifest kann auch Sub-Manifeste enthalten, die wiederum aus Metadaten, Ressourcen und Organizations bestehen.

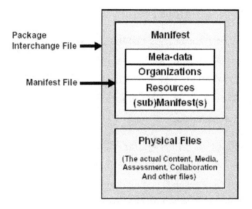

Abbildung 17 Package Interchange File, Quelle: ADL SCORM Content Aggregation Model 2001

Nachdem das Manifest auch mit den physischen Ressourcen (z. B. Mediendateien) zu einer einzigen Datei gepackt wurde, heißt es Package Interchange File. Dieses File hat z. B. folgende Dateiformate: .zip, .jar, .cab. Als Standard wird .zip empfohlen, welches auch das einzige von Aspen akzeptierte Format ist.

– *Toplevelmanifest:* obligatorisches XML-Element (imsmanifest.xml), das das Package selbst beschreibt. Dieses und seine unterstützenden XML-Dateien (DTD, XSD) müssen sich im Stammverzeichnis des Package Interchange Files befinden.

– *Metadata-Section:* XML-Element, das das Manifest als Ganzes beschreibt

– *Organization-Section:* XML-Element, das 0, ein oder mehrere Organizations des Inhaltes innerhalb eines Manifests beschreibt

– *Ressources-Section:* XML-Element, das Referenzen auf alle Medien und Ressourcen, die für das Manifest benötigt werden enthält; inkl. der Metadatenbeschreibung der Ressourcen und Referenzen zu allen externen Dateien

– *(Sub)Manifest:* ein oder mehrere optionale eingebettete Manifeste

– *Physische Dateien:* die tatsächlichen Medienelemente, Textdateien, Grafiken und andere Ressourcen in ihren diversen Unterpfaden werden im Manifest beschrieben

(vgl. [SCORMBest2003] S.9f. und [Sloss2002] S.22ff.)

Runtime Environment

Das Runtime Environment beinhaltet eine für alle LMSs einheitliche Satz an Befehlen um Lernobjekte (SCOs) zu starten und die Kommunikation zwischen dem Lernobjekt und dem initialisierenden LMS aufzubauen und sicherzustellen. Die Kommunikation zwischen LMS und SCO dient dem Tracking des Kurses. Über das LMS kann so eingesehen werden, welche Teile eines Kurses vom Lernenden besucht wurden und welche Tests er mit welchem Ergebnis (Score) abgeschlossen hat. Es gibt ein Ergebnis pro SCO.

Das Start-Schema des Runtime Environments beruht auf Javascript, welches das Application Programming Interface[8] dem SCO verfügbar macht. Die ursprüngliche Spezifikation entstammt den AICC CMI CMI001 Guidelines for Interoperability Version 3.4 und wurde von der Advanced Distributed Learning-Initiative (ADL, http://www.adlnet.org/) für SCORM weiter spezifiziert.

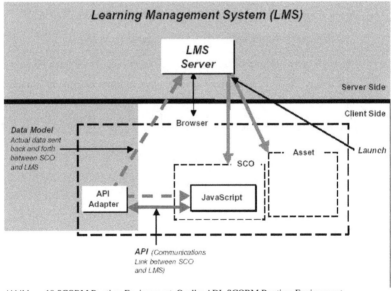

Abbildung 18 SCORM Runtime Environment, Quelle: ADL SCORM Runtime Environment

---

8 API, ein Satz von Routinen, Protokollen und Werkzeugen, um Software Applikationen zu erstellen. Es bildet die zentrale Kommunikationsschnittstelle zwischen LMS und SCO

Über den Launch-Mechanismus werden Webbasierte Lernressourcen durch ein LMS in einem Browserfenster zur Anzeige gebracht. Webbasierte Lernressourcen sind laut SCORM entweder SCOs oder Assets. Im Falle eines SCOs umfasst der Launch-Mechanismus auch die Initialisierung des Kommunikationskanals zwischen LMS und SCO (Funktion *LMSInitialize()*). Es kann nur ein SCO zur selben Zeit von einem Lernenden gestartet werden. Die Kommunikation selbst funktioniert über den Application Programming Interface Adapter (API-Adapter), der vom LMS zur Verfügung gestellt und selbständig vom SCO mit Hilfe der Funktion *FindAPI()* gefunden werden muss. Er informiert das LMS über den Status des SCOs (z. B. initialisiert, beendet oder Fehler) und transportiert Daten zwischen LMS und SCO (z. B. Score, Zeitlimit, etc.).

Nur SCOs sind in der Lage mit dem LMS zu kommunizieren. Assets allein können dies nicht. Die Funktionen *LMSInitialize(), LMSFinish()* und *FindAPI()* befinden sich im Javascript. Ein SCO kann außer diesen Basisfunktionen, während es läuft, mit Hilfe von *LMSGetValue()* und *LMSSetValue()* Daten mit dem LMS über den API-Adapter austauschen. Auf diese Weise erfolgt das Tracking. Die gesamte Kommunikation wird vom SCO initialisiert. (vgl. [Sloss2002] S.28 und [ADLRun2001] S.3-3, 3-8ff.)

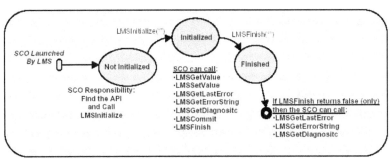

Abbildung 19 API-Adapter, Stadien eines SCO, Quelle: ADL SCORM Runtime Environment

Zwischen verschiedenen Sitzungen soll das LMS den SCO-Status der letzten Sitzung speichern. Die Funktionen *LMS-SetValue()* und *LMSGetValue()* sind hierfür verantwortlich.

Der Status eines SCOs kann folgende Werte haben, die zur Überprüfung des Lernfortschritts interessant und über das LMS einsehbar sind:

– *passed*: Die notwendige Anzahl an Objectives[9] im SCO wurde bewältigt oder der notwendige Score wurde erreicht, der Lernende hat das SCO erfolgreich abgeschlossen

– *completed*: Das Ziel wurde erreicht oder nicht erreicht, auf jeden Fall hat der Lerner das SCO durchgearbeitet.

– *failed*: Der Lerner hat die notwendige Anzahl an Objectives nicht bewältigt oder sein Score lag unter der zu erreichenden Mindestpunktzahl. Dies kann auch bei Abbruch eines SCOs geschehen.

– *incomplete*: Das SCO wurde begonnen aber nicht zu Ende bearbeitet.

– *browsed*: Der Modus des LMS kann auf „browse" gesetzt werden, so ist es nicht notwendig bestimmte Objectives zu erreichen, SCOs können einfach nur betrachtet werden. Der Wert „browsed" gibt dann an, dass das SCO gestartet wurde. Normalerweise ist das LMS aber nicht im Modus „browse".

– *not attemted*: Der Lerner hat das SCO noch nicht gestartet.

(vgl. [ADLRun2001] S.3-41)

Metadaten

Metadaten sind strukturierte Daten über Daten. Im Falle von E-Learning Kursen dienen sie der Beschreibung des Gesamtkurses so wie einzelner Kursobjekte (z. B. SCOs und Assets), damit dies letzten Endes über das LMS leichter auffindbar sind. Metadaten werden mit Hilfe von XML-Dateien angelegt. Die verwendeten Spezifikationen beruhen auf der IMS[10] Learning Resource Meta-data Specification Version 1.2 und auf der IEEE[11] Learning Objects Metadata (LOM) Specification Draft 6 und wurden von ADL zu einer eigenen SCORM-Metadaten-Spezifikation zusammengefasst.

---

9   Aufgaben, Ziele in einem Kurs, sinnbildlich: Erfüllung der notwendigen Objectives -> „Erreichung des Klassenziels"

10   IMS Global Learning Consortium, Inc. (IMS) – eine Organisation von Firmen, die sich mit s für Lernserver und Lerninhalt befasst. (www.imsproject.org/index.html)

11   Institute of Electrical and Electronics Engineers, Inc. (IEEE) - eine internationale Organisation, die den heutigen Industriezweigen mit einem kompletten Portfolio von technischen Standards dient. Das IEEE Learning Technology Standards Committee (LTSC) ist verantwortlich für den Learning Object Metadata Standard (http://ltsc.ieee.org/)

Wichtige Kategorien zur Beschreibung eines WBTs wären z. B.:

- Allgemeine Informationen über den Inhalt

- Version des WBTs

- Technische Voraussetzungen

- pädagogische Charakteristika

- Rechte (z. B. Urheberrecht)

- Inhaltliche Beziehung des Kurses zu anderen

- Klassifikation (z. B. inhaltliche Zuordnung zu Fachgebiet)

(vgl. [Sloss2002] S.23f.)

Die Prinzipien von SCORM haben auch für Autoren eine große Bedeutung. So erleichtert das Modularisierungsprinzip mit den SCOs als Lerneinheiten den Autoren die Kurserstellung aus bereits vorhandenen SCOs. Die Abgeschlossenheit eines SCOs in sich und seine Eigenschaft als webfähiges Element erlauben eine leichte Update-barkeit. Metadaten erlauben eine schnelle Identifizierbarkeit von SCOs und Kursen bei der Suche nach bestimmten Inhalten, sei es zur Bearbeitung eines Kurses durch einen Lernenden oder weil ein Autor SCOs oder auch Assets für einen neuen Kurs sucht.

Da aber Kurs- und SCO-Strukturen nicht das einzig Wichtige bei der Erstellung von WBTs sind, werden in den nächsten Kapiteln gestalterische als auch inhaltlich/ didaktische Vorlagen für Autoren erarbeitet, die sie bei der der Kurskonzeption und -erstellung unterstützen sollen, und es werden Vorschläge für sinnvolle Zusatz-funktionen in den WBTs der FH Düsseldorf vorgestellt.

5.4 Gestalterische Aspekte

Wie bei jeder anderen Bildschirmpräsentation müssen auch bei WBTs bestimmte Gestaltungsgesetze bezüglich des Screendesigns beachtet werden, damit der Lernerfolg nicht durch ablenkende oder störende optische Reize beeinträchtigt wird. In erster Linie geht es um die Vermittlung von Wissen, wo das Screendesign der Regel „form follows function" folgen sollte und nicht zum Selbstzweck wird. Für eine Präsentation mit dem Ausgabemedium Röhrenmonitor oder TFT-Display im Vergleich zu Papier gilt, dass das Lesen an einem Selbstleuchter anstrengender für das menschliche Auge ist. Bei längerer Betrachtung vor allem reiner Farben ist wegen Ermüdung der Augen mit störenden Nachbildern zu rechnen, die durch den Zerfall des zur betrachteten Farbe gehörigen Sehpurpurs entstehen. Aufgrund dieser biologischen Gegebenheit empfiehlt sich eine eher dezente Farbwahl. Von den 3 Grundfarben Rot, Grün, Blau sollte eine fehlen. Weniger reine Farben wie z. B. Pastelltöne werden bei längerer Betrachtung als angenehmer empfunden. Im **alex**-Portal werden beispielsweise nur wenige, in ihrer Leuchtkraft reduzierte, Farben verwendet. In dieser Farbpalette sollen sich später auch die **alex**-WBTs bewegen.

Abbildung 20 alex-Portal

Damit nicht zu starke Kontraste entstehen, welche ebenfalls sehr ermüdend sind, wird als Schriftfarbe auf dem weißen Grund ein dunkles Blau verwendet. Immer noch kontrastreich genug aber nicht so hart wie Schwarz auf Weiß. Bei Schriftarten hat sich herausgestellt, dass serifenlose Schriften auf dem Monitor angenehmer zu lesen sind, daher wird bei **alex** auch Verdana verwendet. Die Strukturierung von Texten am Bildschirm sollte auch optisch unterstützt werden. So sind kurze Sätze und Aufzählungen zur menschlichen Informationsverarbeitung besser geeignet als langer Fließtext mit Sätzen, die lange Nebensätze beinhalten, wie man es von Printmedien her kennt. Die Informationserfassung kann durch solche optischen Anker schneller und effizienter erfolgen und die Gefahr der Ermüdung sinkt. (vgl. [Thiss2000] S.70ff., S.124ff., S.138)

Des Weiteren sollte eine Seite nicht mehr als 7+-2 Informationseinheiten enthalten. Gleiches gilt für eine Lerneinheit (siehe S.28); eine solche sollte 7+-2 Seiten haben. Diese Zahl beruht auf Untersuchungen zum Kurzzeitgedächtnis von Miller. (vgl. [Mill1956], auch unter http://www.well.com/user/smalin/miller.html, Abruf am 30.8.2003, zu finden)

Ein Individuum kann auf einmal 7+-2 Chunks (Informationseinheiten) aufnehmen, welche unterschiedlich komplex und interindividuell sehr verschieden sein können. Eine deutliche Überschreitung der Chunkanzahl führt zur Überfrachtung des Gedächtnisses, was zum sofortigen Vergessen einiger Informationen führt.

Eine wichtige Rolle beim Seitenlayout spielt auch die unterschiedliche Funktionsweise der rechten und linken Hemisphäre des menschlichen Gehirns.

Linke Hemisphäre	Rechte Hemisphäre
verbal	non-verbal
sequentiell	parallel
zeitlich	räumlich
digital	analog
logisch-analytisch	ganzheitlich-synthetisch
rational	intuitiv

Tabelle 2 Funktionsweisen der menschlichen Gehirnhemisphären

Die linke Hemisphäre verarbeitet Informationen sequentiell (langsamer, da sie sich an Reihenfolgen hält), während die rechte parallel vorgeht. Durch die Parallelverarbeitung ist die Erfassung komplexer Bilder und eine gleichzeitige Informationsverarbeitung möglich. Die rechte Hemisphäre arbeitet sehr schnell und kann viele Informationen gleichzeitig aufnehmen, ist dabei aber eher unkoordiniert. Erst die synchrone Zusammenarbeit mit der linken Gehirnhälfte (Strukturierte, analysierende und kombinierende Vorgehensweise) eröffnet das wirkliche Potential des menschlichen Gehirns. Physisch sind die beiden Hälften durch ein dickes Bündel von (Nerven-) Fasern, dem Corpus Callosum, verbunden.

Für das Seitenlayout wichtig ist die unterschiedliche Funktionsweise der beiden Hemissphären insofern, dass die linke Hälfte die rechte Körperhälfte kontrolliert und umgekehrt. Bilder, Videos und ähnliche kontinuierlich, komplexe Informationspräsentationen sollten sich im linken Bereich des WBT-Layouts befinden, da das linke Auge mit der rechten Hemisspäre verbunden ist. Textelemente sollten sich mehr im rechten Seitenbereich befinden wegen ihres diskreten, abstrakten Charakters (vgl. [Holz2001] S.34f.)

Diese allgemeinen wahrnehmungspsychologischen Gestaltungsaspekte für Screendesign werden nun auf das Grunddesign für WBTs der FH Düsseldorf angewendet. Aber es sind speziell für Lernsoftware noch ein paar weitere gestalterische Aspekte zu beachten, die jedoch auch eng mit den technischen Gegebenheiten von SCORM und der Lernplattform Aspen zusammenhängen. Diese werden beim Entwurf des grundlegenden Screendesigns im nachfolgenden Kapitel benannt und ebenfalls berücksichtigt.

5.5 Vorschlag für das WBT-Seitenlayout

Das Screendesign eines Lernprogrammes bildet die Schnittstelle zwischen Lerninhalten und Lernendem. Damit der Lernende in seinem Lernprozess bestmöglich unterstützt wird, ist auf eine ansprechend gestaltete, intuitiv handhabbare Benutzeroberfläche besonderer Wert zu legen. Bestimmte funktionale Bereiche sind bei Lernprogrammen besonders wichtig. Durch die Unterteilung des Bildschirms in einzelne Bereiche mit unterschiedlichen didaktischen Funktionen soll das Interesse der Lernenden geweckt und deren Wahrnehmung unterstützt werden. Die Aufteilung der Oberfläche bestimmt maßgeblich, wie der Nutzer die Lerninhalte erschließt, aufnimmt und verarbeitet. Ziel ist es, die Aufmerksamkeit des Nutzers auf die wesentlichen Informationen zu lenken, den Lernenden durch die Seite zu führen und ihm bei der Orientierung innerhalb des Lernprogramms zu helfen. Dabei ist besonders auf eine konsistente Positionierung und Funktionalität der einzelnen Elemente zu achten.

Nach Alfred Schreiber (vgl. [Schr98] S.334ff.) sind bei Lernprogrammen folgende Bereiche im Bildschirmlayout von besonderer Bedeutung:

– *Arbeitsbereich (Content-Bereich)*: Auf dieser Fläche werden die eigentlichen Lerninhalte präsentiert und es finden Interaktionen statt. Der Arbeitsbereich nimmt die größte Fläche der 3 Bereiche ein und zieht damit die meiste Aufmerksamkeit des Lernenden auf sich.

– *Orientierungsbereich*: Hier kann der Lernende ablesen, wo im Programm er sich gerade befindet. Die Angabe von Kapitelname, gegebenenfalls Untereinheit und Seitennummer erleichtern die Orientierung. Dieser Bereich sollte permanent sichtbar sein.

– *Funktionsbereich (auch Steuerungsbereich oder Navigationsbereich)*: Für kursglobale Funktionen, die mit Hilfe von Piktogrammen dargestellt werden, bietet sich ein eigener Funktionsbereich in der Bildschirmfläche an. Von hier aus kann ein gerade benötigtes Werkzeug aktiviert werden. Diese Bildschirmbereiche werden auch in WBTs der FH Düsseldorf verwendet.

Die Navigation erfolgt bei WBTs auf Aspen allerdings nicht im Funktionsbereich sondern im Orientierungsbereich. Dies erläutert die Beschreibung der folgenden Entwürfe, welche die Lage von Schreibers 3 Layout-Bereichen veranschaulicht.

Schematisch

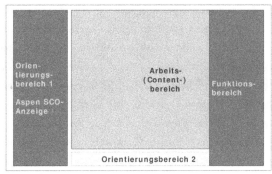

Abbildung 21 Layout-Bereiche in WBTs der FH Düsseldorf

Designvorschlag

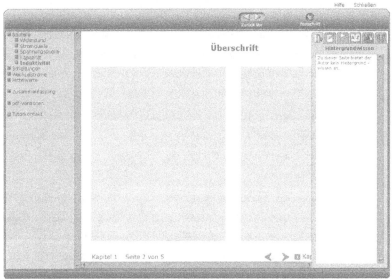

Abbildung 22 Standardlayout mit ausgeklappter SCO-Navigation, Quelle: Projekt E-Learning Workbench, Sabine Kunigowski, Sommersemester 2003

Diese Bereichskennzeichnung zeigt schematisch die Lage der Layout-Bereiche bei ausgeklappter SCO-Anzeige. Der obige Entwurf vermittelt eine reelles Design der FH-Düsseldorf WBTs

Durch das Learning Management System Aspen wird der so genannte Content Player gestellt. Dieser ist ein Browser-Fenster, in dem das WBT abläuft. Er enthält den in SCORM bzw. AICC definierten API-Adapter, der die Kommunikation des WBTs mit dem LMS übernimmt. (siehe SCORM-Exkurs S.74) Nach Starten eines WBTs geht der Content Player als Pop-Up-Fenster auf. Als Funktionen sind folgende durch Aspen bereits gegeben:

Linker Bereich

SCO-Navigation im linken Fensterbereich: Jedes angezeigte SCO (inhaltlich vergleichbar mit einem Kapitel des Gesamtkurses) kann direkt vom Lernenden ange-klickt werden. Die SCO-Navigation stellt einen Teil des Orientierungsbereiches dar. Sie kann bei Bedarf eingeklappt werden, damit mehr Platz für den Content-Bereich freigegeben werden kann. Außer den Kapiteln selbst wurde im Sommersemester 2003 im Rahmen des Projektes E-Learning Workbench geplant, noch eine Kurzzusammen-fassung des Kurses, einen Tutorkontakt (entweder einfach per Mailformular auf einer HTML-Seite oder als Link auf ein **alex**-Forum), Druckversionen der einzelnen Kapitel und des gesamten Kurses und das Impressum als weitere SCOs oder SCAs (*Sharable Content Assets*, nicht trackbare Einheiten eines Kurses nach SCORM 1.3) mit einzubinden.

Der Tutorkontakt stellt bei WBTs an der FH Düsseldorf zunächst die einzige geplante Variante der didaktischen Struktur der Kommunikation nach Kerres dar. Diese bietet bei anderen Formen des E-Learning wie virtuelle Klassenräume, Chats und Foren weitaus mehr Möglichkeiten. Diese kommunikativen Formen sind jedoch nicht Teil dieser Arbeit.

Oberer horizontaler Bereich (Balken)

- *Hilfe-Funktion* zur Bedienung des Content Players

- *„Schließen"* zum Beenden des WBTs

- *Vor-/Zurück*-Button zur linearen Navigation zwischen den SCOs

- Button zum Aufruf des Bearbeitungsstatus des WBTs (*Fortschritt*).

Die Fortschrittsanzeige eines WBTs kann auch ohne das gerade aktive WBT auf der Lernplattform Aspen aufgerufen werden. Zu jedem SCO kann der Status (not attemted, incomplete, completed und bei Punktewertung passed oder failed), die Bearbeitungszeit und gegebenenfalls die erreichte Punktzahl abgerufen werden. Bei SCOs, die Tests enthalten, kann die Antwort zu jeder einzelnen Frage eingesehen werden, um so ein differenziertes Bild über den Kenntnisstand des Lernenden zu erhalten.

Das Standardlayout eines WBTs im Content Player besteht außerdem aus 2 weiteren Bereichen:

- den Content-Bereich (Arbeitsbereich nach Schreiber) mit 800 x 600 px auf der linken Seite, gegebenenfalls wird ein Teil auf der linken Seite durch die SCO-Navigation verdeckt, falls diese ausgeklappt ist.

- die Zusatzfunktionen (Werkzeuge der Wissenskonstruktion siehe Kapitel 5.6) mit 200 x 600 px auf der rechten Seite, welche dem Funktionsbereich zu zuordnen sind

Der Einsatz von Zusatzfunktionen wurde von den Teammitgliedern des Projektes E-Learning Workbench im Sommersemester 2003 festgelegt.

Das Design von Zusatzfunktionen soll eindeutig erkennen lassen, dass es sich um ein ergänzendes, optionales Angebot handelt. Dazu ist die Fenstertechnik geeignet. Die Zusatzfunktionen befinden sich in einem eigenen vom Content-Bereich abgegrenzten Fenster. (vgl. [Schr98] S.324) Die Position rechts ist für Rechtshänder optimal, da sie es auch bei physischen Werkzeugen gewohnt sind, diese auf der ihrer rechten Seite griffbereit liegen zu haben. Ein weiterer Grund für diese Position liegt in der bereits vergebenen Belegung des linken Layout-Bereiches durch die durch Aspen vorgegebene SCO-Navigation.

Der Funktionsbereich muss noch implementiert werden, er gehört nicht zu den Standardfunktionen von Aspen. Auch den anderen Bereichen sind noch weitere Funktionen hinzuzufügen. Dies wird im Folgenden beschrieben.

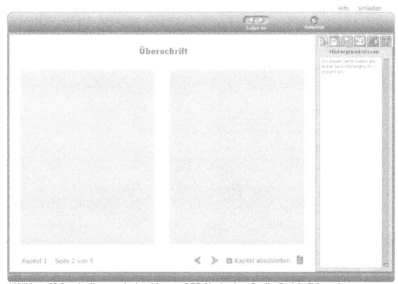

Abbildung 23 Standardlayout mit eingeklappter SCO-Navigation, Quelle: Projekt E-Learning Workbench

Als Standardeinstellung ist das Hintergrundwissen ausgewählt. Dessen didaktischer und funktionaler Hintergrund wird im nachfolgenden Kapitel konkret erläutert. Der Wechsel zwischen den Funktionen des Funktionsbereiches geschieht durch Klick auf die mit Piktogrammen versehenen Reiter.

Bei Auswahl eines anderen Reiters bleibt dieser auch bei Seiten- oder SCO-Wechsel ausgewählt, um unnötige Irritation des Users zu vermeiden. Vorhandene Lesezeichen oder Notizen (weitere Zusatzfunktionen, die im nachfolgen Kapitel erläutert werden) sollen z. B. durch eine andere Farbe des entsprechenden Reiters angezeigt werden.

Content-Bereich (Fläche in der Mitte)

Im Content-Bereich wird der eigentliche Inhalt eines Kapitels (SCOs) präsentiert. Das hier dargestellte Template ist ein 2 Spalten Textlayout. Auf jeder Inhaltsseite befinden sich 3 Navigationsbuttons: Seite vor, Seite zurück und ein Button (Kapitel abschließen), um das jeweilige SCO gänzlich abschließen zu können (siehe Anhang 1), sofern es sich nicht um ein SCO mit einem trackbaren Test handelt. Die Aspen-seitige „Schließen"-Funktion bewirkt nämlich keine Status-Änderung. Auf der jeweils ersten Seite eines SCOs fehlt der Zurück-Button, auf der letzten der Vor-Button.

Im unteren Bereich (oder auch an anderer Stelle im Content-Bereich), wo sich die Seitennavigationsbuttons befinden, wird mindestens eine Anzeige, auf welcher Seite des SCOs man sich gerade befindet, in Form von „Seite x von X" vorhanden sein müssen. Grund dafür ist die nicht gänzlich zur Orientierung ausreichenden Anzeige aller vorhanden SCOs im Aspen-Inhaltsverzeichnis. Diese zeigt nur alle im Kurs vorhanden SCOs an, nicht jedoch die im SCO enthaltenen Seiten. Um diesen 2. Orientierungsbereich noch übersichtlich zu halten, ist eine geringe Seitenanzahl innerhalb eines SCOs zu empfehlen.

Abbildung 24 Orientierungsbereich 2

Als weitere Funktion im Content-Bereich ist ein Button für das Literaturverzeichnis von jedem SCO einzufügen, dessen Betätigung ein Pop-Up-Fenster mit dem Literatur-verzeichnis öffnet. Pop-Up-Fenster sind nach SCORM nur erlaubt, wenn dieses Fenster nicht mit dem LMS kommunizieren muss. Die ist im Falle des Literaturverzeichnisses auch nicht nötig. Der Literaturverzeichnis-Button und die anderen aus dem Steuerungsbereich erhalten wie die Reiter im Funktionsbereich Tooltips[12].

---

12 Tooltip: Beschreibung der Funktion eines Buttons, wenn z. B. mit der Maus darüber gefahren wird (Rollover)

Abbildung 25 Lectora-
Inhaltsverzeichnis

Da vorgesehen ist, die Inhalte für den Content-Bereich mit Hilfe von Lectora zu generieren, bietet sich dem Autor noch eine weitere Möglichkeit zur Gestaltung des 2. Orientierungsbereiches. Lectora besitzt eine Funktion zur Einbindung eines eigenen Inhaltsverzeichnisses, welches der Lernende ebenfalls zur Navigation und Orientierung innerhalb eines SCOs verwenden kann.

Die Verwendung dieses Inhaltsverzeichnisses bietet sich bei SCOs mit einer größeren Seitanzahl an, die besser noch mit Hilfe von Kapiteln unterhalb der Kursebene, also innerhalb eines SCOs, strukturiert werden.

Mit dieser Strukturierung befasst sich Kapitel 5.9.

Im nachfolgenden Kapitel wird nun der didaktische Hintergrund und die Funktionsweise der zuvor bzgl. des Bildschrimlayouts beschriebenen Zusatzfunktionen bzw. Werkzeuge der Wissenskonstruktion erörtert.

5.6 Mögliche Werkzeuge der Wissenskonstruktion in WBTs

Bestimmte Grundfunktionen wie Vor- und Zurückblättern über Buttons werden bei jedem WBT eingesetzt. Aber um den Lernenden das Arbeiten bzw. Lernen mit WBTs zu erleichtern, erscheint der Einsatz zusätzlicher Funktionen sinnvoll. So bewirkt die Nutzung von Werkzeugen der Wissenskonstruktion wie z. B. einer Notizfunktion, Lesezeichen setzen, Nachschlagemöglichkeiten wie ein Glossar während der Bearbeitung eines Kurses eine Anregung des Lernprozesses beim Lernenden. Er setzt sich intensiv mit dem präsentierten Inhalt auseinander, filtert für ihn besonders wichtige Informationen heraus und bildet sich daraus seine eigene Sicht der Dinge. Diese Werkzeuge entsprechen Kerres' didaktischer Struktur der Konstruktion. (vgl. Kapitel 5.2.1 S.62)

Im zuvor erwähnten Projekt E-Learning Workbench wurden im Sommersemester 2003 einige Funktionen definiert, vor allem Zusatzfunktionen zu den Standardfunktionen, die in den eigenen WBTs der FH Düsseldorf Anwendung finden sollen. (vgl. [CKKLW2003]) Dieses Projekt läuft parallel zu dieser Arbeit weiter. Teilweise fließen die Ergebnisse dieses Projektes mit ein. Die Zusatzfunktionen werden dort genauer konzeptionell spezifiziert und schließlich auch technisch umgesetzt. Außerdem wird das Design überarbeitet. Diese Arbeit befasst sich nur mit dem konzeptionellen Teil der definierten Zusatzfunktionen eines WBTs der FH Düsseldorf.

Die Zusatzfunktionen werden auf verschiedenen Ebenen eingesetzt. Es gibt in Zusammenhang mit WBTs des **alex**-Portals 4 Implementationsebenen. Eine Übersicht vermittelt folgende Tabelle:

Funktion:	Glos-sar	Lexi-kon	Media-thek	Lese-zeichen	Druk-ken	Notizen	Suche	Hinter-grund-wissen
LMS-Ebene		X					X	
Kurs-global	X		X		X		X	
SCO-spezifisch	X			X	X	X	X	X
Seiten-spezifisch				X		X		X

Tabelle 3 Arbeitsebenen der Grundfunktionen

Bei den Lesezeichen besteht eine Besonderheit in Bezug auf die einzelnen Seiten. Ein Lesezeichen verweist genau auf eine Seite, jedoch erfolgt eine Anzeige aller Lesezeichen eines Kurses in einem Reiter-Fenster, welches noch andere der oben aufgeführten Funktionen beherbergt. Dieses Fenster wird in der Beschreibung der einzelnen Funktionen mit abgebildet.

Die Suche ist als einzige Funktion auf allen Ebenen anzutreffen. Kursglobal und lernobjektspezifisch stellt sie eine im WBT integrierte Volltextsuche dar, die eben auch nur im gerade aktiven WBT nach Begriffen suchen kann. Sie ersetzt den Index eines Buches. Auf LMS-Ebene ist sie eine andere Funktion, sie durchsucht z. B. Katalogeinträge, um Kurse mit bestimmten Inhalten zu finden.

Des Weiteren sind als kursglobale Angebote ein SCO für Impressum und Tutorkontakt bzw. Ansprechpartner zu dem WBT vorgesehen. Auf LMS-Ebene ist eine Guided Tour zur Bedienung der **alex**-eigenen WBTs vorgesehen.

Beeinflussbarkeit der Funktionen durch Autor und Lernenden

Bei den Zusatzfunktionen besteht einerseits eine inhaltliche Beeinflussbarkeit durch den Autor und andererseits durch den Lernenden. Tabelle 3 veranschaulicht dies:

Funktion	Autor	Lernender
Hintergrundwissen	X	
Notizen		X
Lesezeichen		X
Glossar	X	
Mediathek	X	
Suche		X
Drucken	X	
Lexikon	X	

Tabelle 4 Beeinflussbarkeit der Grundfunktionen durch Autor und Lernendem

Im Folgenden werden nun die einzelnen Zusatzfunktion näher erläutert. Grundsätzlich gilt dabei für alle Buttons mit Piktogrammen, dass eine Rolloverfunktion eingebaut wird, welche textuell mit einem Wort die Funktion des jeweiligen Buttons beschreibt (Tooltip). Diese Hinweis-Technik unterstützt Lernende zusätzlich während der WBT-Bearbeitung.

Funktionsbeschreibungen

6 der genannten Grundfunktionen werden über eine spezielles Fenster im WBT aufgerufen. Es handelt sich dabei um die Funktionen

- Hintergrundwissen

- Notizen

- Lesezeichen

- Glossar

- Mediathek

- Suche

Hintergrundwissen

Abbildung 26 Hintergrundwissen,
Quelle: Projekt E-Learning
Workbench

Das Hintergrundwissen gibt zusätzliche Informationen zum jeweiligen Seiteninhalt im Content-Bereich, es ist optional, nicht jede Seite hat zwangsläufig sekundäre Informationen. Dieses Wissen ist nicht notwendig, um den in einer Lernzielbekanntgabe genannten Kenntnisstand zu erreichen, es dient der Vermittlung zusätzlicher Informationen interessierter Lernender. (vgl. [Schr98] S.320)

Der Text wird vom Autor für jede gewünschte Seite z. B. mit Lectora als zusätzliche Seite zur betreffenden Inhaltsseite angelegt. Diese Seite wird später herausgenommen, mit einer eindeutigen ID versehen und separat in einer Datenbank abgelegt. So kann für jede Seite das entsprechende Hintergrundwissen in das Textfeld geladen werden.

Es handelt sich dabei um eine html-Seite mit Text und Bildern.

In dem Beispielfenster links wird der Default-Text angezeigt, der erscheint, wenn der Autor keinen Texteintrag gemacht hat.

Wenn Hintergrundwissen vorhanden ist, wird das Icon hervorgehoben, z. B. durch Orangefärbung.

Das Hintergrundwissen ist auch in die pdf-Version eingebettet und kann so im Zusammenhang mit dem Lernobjektinhalt gedruckt werden. (vgl. [CKKLW2003] S.8)

Notizen, Lesezeichen

Abbildung 27 Notizen, Quelle:
Projekt E-Learning Workbench

In dem Notizfeld kann der Lernende eigene Kommentare eingeben. Diese werden mit einer eindeutigen ID versehen und in einer Datenbank gespeichert. Wenn eine Notiz zu einer Seite vorhanden ist, wird das Icon hervorgehoben und die Notiz in das Textfeld geladen.

Eine einzelne Notiz kann gelöscht werden durch Klick auf das „Löschen"-Icon. Zur Sicherheit muss der Befehl nochmals bestätigt werden.

Solange keine Notiz zu einer Seite gespeichert wurde, erscheint der default-Text: „Hier können Sie Ihre Notizen zu dieser Seite eingeben."

Über das „Drucken"-Icon wird ein Kontext-Menü aufgerufen, mit den Optionen:

– diese Notiz drucken

– alle Notizen dieses Kapitels drucken

– alle Notizen des gesamten Kurses drucken

Über den „Anzeige"-Button (Ganz links unten) kann der Benutzer alle seine Notizen des Kurses auf einmal in einem neuen Fenster anzeigen lassen. Über den „Speichern"-Button kann er diese als Textdatei auf seinem Rechner speichern.

(vgl. [CKKLW2003] S.9)

Abbildung 28 Lesezeichen, Quelle:
Projekt E-Learning Workbench

Im Eingabefeld erscheint als Standard-Wert die Überschrift der aktuellen Seite. Der Lernende kann den Namen jedoch ändern, so dass er sein Lesezeichen zuordnen kann. Derselbe Name darf nicht 2 mal vergeben werden.

Nach Bestätigung der Speicher-Abfrage wird das Lesezeichen der Liste hinzugefügt, und zwar nach Kapitel und Seite sortiert. Das Hinzufügen wird in einem PopUp-Fenster bestätigt mit: „Das Lesezeichen wurde erfolgreich hinzugefügt."

Sind Lesezeichen zu dem Kurs vorhanden, wird das Icon hervorgehoben. Durch Klick auf das Lesezeichen springt der Lernende zu der entsprechenden Stelle im Kurs.

Durch Klick auf das „Editieren"-Icon erscheint ein PopUp-Fenster in dem man den Namen des gewählten Lesezeichens ändern kann.

Die Lesezeichen können einzeln mit Hilfe der „Löschen"-Icons gelöscht werden. Es erscheint ein Pop-Up-Fenster mit einer Sicherheitsabfrage. (vgl. [CKKLW2003] S.10)

Lesezeichen und Notizen müssen pro Lernendem und pro Kurs gespeichert werden. Der besseren Verwaltbarkeit halber ist der Einsatz einer kurs- und LMS-externen Datenbank sinnvoll. Um die jeweils exakte Seite wieder zu finden, müssen als weitere Parameter die SCO-ID, die Seite im SCO und für den Lernenden der Name des Lesezeichens oder der Notiz an die Datenbank übergeben werden. Automatisch sollte auch der Kapitelname und die Seitenzahl übergeben werden, welche in oben abgebildeten Zusatzfunktionsfenster dargestellt werden.

Notizen und Lesezeichen eines Kurses werden automatisch gelöscht, sobald der Lernende den Kurs komplett durchgearbeitet hat, dass heißt, wenn dieser den Status completed erhalten hat. Die externe Verwaltung von Lesezeichen und Notizen ermöglicht es auch möglicherweise später, dem Lernenden eine Ansicht aller seiner Lesezeichen und Notizen z. B. in Form eines persönlichen Schreibtisches auf LMS-Ebene anzubieten.

Notizen über cmi.comments

Ein andere Variante, Notizen zu schreiben, kann auch über den SCORM-Course-builder+ erfolgen. Beim Packen des Kurses wird die Notizenfunktion dort aktiviert und es können pro Seite Notizen im Kurs geschrieben werden, welche über die Variable cmi.comments (Notizenvariable in SCORM) an das LMS mit den anderen Userdaten bei Beendigung des Kurses übergeben werden. Diese Variante erlaubt es wahrscheinlich nicht, Notizen ohne Starten des WBTs einzusehen.

Glossar

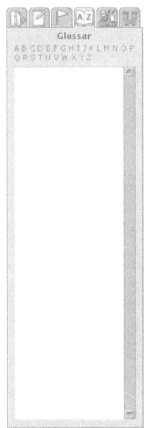

Abbildung 29 Glossar, Quelle:
Projekt E-Learning Workbench

Bei Auswahl des Glossars-Piktogramms wird die alphabetische Übersicht mit Links auf die einzelnen Buchstaben oder Buchstabengruppen angezeigt. Das Glossar befindet sich am Anfang. Klick auf Buchstaben scrollt die Anzeige bis zum ersten Begriff mit diesem Anfangsbuchstaben, Klick auf einen Begriff und die Beschreibung wird dargestellt.

Die Einträge bestehen nur aus reinem Text. Sie werden komplett durch eine HTML-Seite dargestellt.

Einträge die nicht mit einem Buchstaben beginnen werden unter dem Zeichen „#" vor dem Buchstaben „A" aufgelistet.

Um die Unabhängigkeit der SCOs zu gewährleisten, wird das Kursglossar aus einzelnen Glossarteilen erzeugt. Jedes SCO enthält für seine Begriffe ein eigenes Glossar-Asset. Begriffe, die in keinem SCO vorkommen, aber trotzdem im Glossar aufgeführt werden sollen, werden in ein Kursglossar-Asset aufgenommen.

(vgl. [CKKLW2003] S.11)

Die Erstellung des Glossars durch den Autor könnte z. B. mit Hilfe einer Glossar-Seite am Ende einer SCO-Vorlage in Lectora erfolgen. Auf dieser kann der Autor während der SCO-Bearbeitung parallel das SCO-Glossar zusammenstellen. Die Breite des Eingabefensters entspricht dabei der des späteren Glossarfensters, um Umbruchprobleme auszuschließen.

Glossar-Erstellung

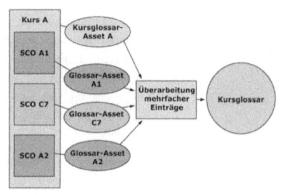

Abbildung 30 Glossarschema, Quelle: Projekt E-Learning Workbench,
Daniel Wörhoff, Wintersemester 2003/2004

Aus den jeweiligen Glossar-Assets wird beim Veröffentlichen eines WBTs das Glossar für dieses WBT erstellt. Doppelte Einträge werden dabei durch das **alex**-Team redaktionell überarbeitet.

Glossarbegriffe im Content-Bereich

Im Content-Bereich (Hauptarbeitsbereich der Lernenden in der Mitte des WBT-Fensters, siehe S.81) sind Wörter mit Glossar-Eintrag hervorgehoben. Bei Klick auf ein solches Wort wird die Glossar-Funktion aufgerufen und das Glossar wird mit dem entsprechenden Eintrag an oberster Stelle (gescrollt) angezeigt.

Für die spätere Verlinkung aus dem Content-Bereich ins Glossar müssen die Begriffe im Content-Bereich entweder durch den Autor hervorgehoben oder später mit Hilfe der Volltextsuche in Lectora gefunden werden.

Glossar mit dem SCORM-Builder+

Eine weitere Möglichkeit, das Glossar zu erstellen, bietet der SCORM-Coursebuilder+. Er besitzt eine Funktion zum Erstellen von Glossaren bei Packen eines SCORM-WBTs. Dieses Glossar wird dort manuell erstellt und erscheint in der Content Aggregation als eigener Kapitelordner. Die darin enthaltenen HTML-Seiten werden im Content-Bereich bei Aufruf präsentiert.

Lexikon

Die Beschreibungen zum Lexikon finden sich nicht mehr im aktuellen Konzeptpapier des Projektes E-Learning Workbench, entstanden aber dort im Sommersemester 2003.

Das Lexikon stellt eine Funktion auf LMS-Ebene dar. Anklickbar ist es von **alex** aus und sein Inhalt erscheint in einem Pop-Up- Fenster. Es kann sowohl, wenn ein WBT läuft, aufgerufen werden als auch nur von **alex** aus. Nach dem ersten Aufruf erhält der Lernende ein Fenster mit der Buchstabenauswahl. Seinen Inhalt bezieht das Lexikon aus einer noch zu implementierenden Lexikondatenbank. Tatsächlich gesehen soll es mehrere Lexika zu verschiedenen Fachgebieten geben.

Erläuterung zu den Attributen:
Fachgebiete bezieht sich auf Training Catalogue Einträge vom LMS

keyID	Begriff	Lexikon	Fachgebiete	Media-Asset
00012	Anode	..	ET, NT, PH	Bild... Flash...

Abbildung 31 Datenbankschema Lexikon, Quelle: Projekt E-Learning Workbench, Marc Cieslik, Sommersemester 2003

Die Fachlexika befinden sich in der Lexikondatenbank in einer Tabelle. Ihre Präsentation als unterschiedliche Instanzen erfolgt über verschiedene Views. Die Zuordnung der Einträge (Tupel) erfolgt über das Attribut Fachgebiet. So werden beispielsweise in der Lexikonansicht Physik nur Tupel angezeigt, die dieses Attribut besitzen. Das Attribut Fachgebiet stellt ein mehrwertiges Attribut dar, denn z. B. der Begriff Strom kann sowohl in der Physik als auch im Gebiet Elektrotechnik erscheinen.

Zur Einbindung von Mediaassets gibt es bisher zwei mögliche Varianten. Bei der einen verbleiben die Assets komplett auf einem Fileserver und werden aus den Lexikon-einträgen nur referenziert. Bei der zweiten Variante werden Kopien gezogen, die mit in die Lexikondatenbank gelegt werden. Welche Variante besser zu realisieren ist, werden konkretere Überlegungen in zukünftigen Projekten ergeben.

Mediathek

Abbildung 32 Mediathek, Quelle:
Projekt E-Learning Workbench

Die Mediathek ist eine Sammlung aller im Kurs vorkommender Mediaassets sowie einiger mit Zusatzinformationen zum Kurs, falls der Lernende Näheres zum Kursthema erfahren möchte. Die Mediathek als Übersicht über alle kursinternen Mediaassets ermöglicht es beispielsweise Dozenten relevante Veranschaulichungen für Ihre Präsenz-veranstaltungen schnell auszuwählen.

Diese Dokumente sind über 5 verschiedene Reiter erreichbar:

– Visuelle Medientypen (Anzeige in neuem Browserfenster bzw. Player, Videos sollten dabei aufgrund der möglicher geringer Bandbreiten der Endnutzer gestreamt werden, alternativ oder auch zusätzlich kann der Download angeboten werden)

– Audio-Medien (Gleiche Bedingungen wie bei visuellen Medientypen)

– Dokumente (Meist Texte und Präsen-tationen)

– Linklisten (Seiten werden in neuem Browserfenster geöffnet)

– Verschiedenes (Alles, was nicht zu einer anderen Kategorie passt)

Die Dokumente werden in alphabetischer Reihenfolge aufgelistet mit Titel, Kurz-beschreibung, Format, Länge (Seiten/Zeit) und Größe. (vgl. [CKKLW2003] S.12)

Realisierung

Eine Funktion soll alle Mediaassets eines WBTs aus der Content Aggregation auslesen. Zusätzliche Assets werden angeboten, z. B. PDFs und eine Linkliste. In der Mediathek gibt es 5 verschiedene Arten von Assets, die über die 5 Symbole unter dem Mediathek-Reiter erreichbar sind. Der jeweils ausgewählte Medientyp gibt eine Liste der vorhandenen Dateien aus. Anwahl eines Links lässt die entsprechende Datei in einem Pop-Up-Fenster erscheinen.

Audio und Video werden in 2 Formen angeboten:

– als Streamingdatei von einem Streamingserver

– zum Download mit Angabe der Größe und Format der Datei

Dokumentenfunktion des SCORM Builder+

Eine zweite Variante für die Funktion der Mediathek bietet der SCORM-Coursebuilder+ mit seiner Dokumentenfunktion. Er erzeugt ein Dokumenten-SCO, wo diverse Zusatz-Assets untergebracht werden können. Hier werden aber dann nur die zusätzlichen Assets angezeigt, wenn man nicht jeweils eine Kopie der Media-Assets aus den anderen SCOs hineinlegt. Alternativ könnten alle Mediaassets dort abgelegt und von den anderen SCOs referenziert werden.

Suche

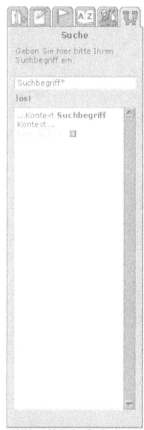

Abbildung 33 Suche, Quelle: Projekt
E-Learning Workbench

Die Inhaltsuche innerhalb eines WBTs durchsucht alle SCOs und Assets desselben nach den gewünschten Begriffen. Die Ergebnispräsentation erfolgt innerhalb des Fensters im Zusatzfunktionsbereich. Wegen der festen Größe des WBT-Fensters und damit der ebenfalls beschränkten Größe des rechten Frames erscheint gegebenenfalls ein Scrollbalken. Die Suchergebnisse sollen als Links auf die entsprechenden SCOs und die dortige Seite erscheinen, damit der Lernende direkt dorthin springen kann.

Es gibt zwei Suchbuttons. Je nach geklicktem Button wird der ganze Kurs oder aber nur das aktuelle Kapitel durchsucht.

Suchbegriffe können mit dem *-Zeichen eingegeben werden, um die Trefferwahrscheinlichkeit zu erhöhen.

Die gefundenen Einträge werden im Kontext angegeben, mit Kapitel und Seite ihres Auftretens. Mit Hilfe des Sprungbuttons gelangt man auf die entsprechende Seite im Kurs.

(vgl. [CKKLW2003] S.13)

Die Suche könnte realisiert werden entweder über:

- *Volltextsuche*: Über ASP werden alle HTML-Inhaltsseiten durchsucht. Das funktioniert, kann aber bei großen Kursen lange dauern.

- *Datenbanksuche*: Der Inhalt aller Inhaltsseiten des Kurses wird vor dem Hochladen in eine Datenbank geschrieben. Die Suche erfolgt dann in der Datenbank. Diese Variante ist eventuell mit einem großen Aufwand für das **alex**-Team verbunden.

Suche auf LMS-Ebene

Die Suche nach Inhalten (Kurse, Scripte...) soll auf LMS-Ebene grafisch realisiert werden. Alle Inhalte sind mit Schlagworten beschrieben und über diese werden inhaltliche Zusammenhänge hergestellt. Über eine netzartige Struktur, die gleichzeitig die Tiefe des Details anzeigt, kann man sich über verwandte Themen informieren. Durch die Realisation von Filtern kann man die Suche auf Kurse oder Scripte usw. beschränken. Diese grafische Ansicht stellt aber noch eine große technische Herausforderung dar und ist in nächster Zeit nicht geplant.

Drucken

In Form von PDFs werden Druckversionen des Kurses bereitgestellt. Es gibt eine PDF-Version des gesamten Kurses und eine pro Kapitel bzw. Lernobjekt. Diese PDF-Versionen sind über die Content-Aggregation im linken Bildschirmbereich aufrufbar. Es öffnet sich ein neues Fenster mit dem Acrobatreader. (vgl. [CKKLW2003] S.16)

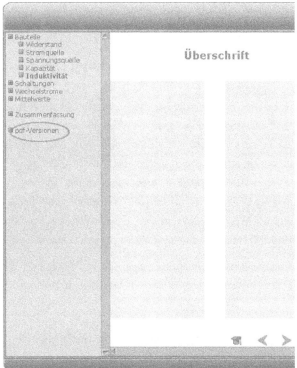

Abbildung 34 PDF-Versionen in der Content-Aggregation Quelle: Projekt E-Learning Workbench

5.7 Wissenspräsentationen

In den letzten beiden Kapiteln wurde das grundlegende WBT-Design und die Funktionalitäten der WBTs vorgestellt. Doch ein Bereich im Layout ist bisher noch nicht näher beschrieben worden, der Content-Bereich. Der größte Teil der vom Autor konzipierten multimedialen Lerninhalte wird dem Lernenden hier dargeboten. Dieses Kapitel befasst sich mit der Darbietung von Lerninhalten auf einzelnen Seiten. Wie diese auf höherer Ebene strukturiert werden können, wird in den Kapiteln 5.9 und 5.10 erläutert.

Wissenpräsentationen stellen die Lektionen in einem Lernprogramm dar. Dem Lernenden werden mit Hilfe von Texten, Bildern, Videos, Audiodokumenten und Animationen Lerninhalte vermittelt. Der Lernende agiert eher passiv/rezeptiv. Die Interaktion findet hauptsächlich in Form von Navigation zwischen einzelnen Seiten und/oder ganzen Lektionen und im Starten/Stoppen/Vor- und Zurückspringen in Video-/ Audiodokumenten und Animationen statt. Mit Hilfe der zuvor beschrieben Zusatzfunktionen (siehe Kapitel 5.6) kann der Lernende allerdings aktiver das präsentierte Wissen bearbeiten als dies bei reiner Rezeption von Wissen der Fall wäre. Er erhält die Möglichkeit durch Nutzung der Zusatzfunktionen, sich auf Grundlage der Informationen des Content-Bereiches seine eigenes Wissen zu konstruieren.

Für Autoren sind bei Wissenspräsentationen einige Dinge in Bezug auf Wahrnehmungspsychologie (siehe Kapitel 5.4) und Einsatz von Mediaassets zu beachten.

Seitenlayoutvorlagen

Grundsätzlich ist es für Lernende von Vorteil, dass sie durch Angabe einer Überschrift auf der jeweiligen Seite wissen, welches Thema gerade vermittelt wird. Zur effizienteren Umsetzung der Drehbuchseiten des Autors sind konkrete Seitenlayoutvorlagen nützlich. Da die Entwicklung dieser Vorlagen aber eher eine Aufgabe für Designer ist, wird in dieser Arbeit nicht weiter darauf eingegangen. Im Projekt E-Learning Workbench aber werden diese Layoutvorlagen von Designern entworfen.

Anschauliche Wissensvermittlung

Zur anschaulicheren Vermittlung von Lerninhalten eigenen sich Bilder, Videos, Audiodokumente und Animationen sehr gut. Andere Zugangsmöglichkeiten zu bestimmten Themengebieten durch Verwendung dieser Medien steigern u.a. die Motivation der Lernenden (siehe Vorzüge von E-Learning, Steigerung der Motivation S.21), aber vor allem verbessern sie die Wissensvermittlung durch Hervorhebung des Wesentlichen. (siehe S.22)

Beim Einsatz von Mediaassets bei WBTs sind allerdings ein paar technische Besonderheiten aufgrund der zur Verfügung stehenden Bandbreite zu beachten. Bei WBTs müssen z. B. Videos deutlich stärker komprimiert werden als es bei CBTs notwendig ist. Der flüssige Ablauf eines Videos hängt stärker von der Bandbreite als von der Rechenleistung des Endanwendercomputers ab.

Zur Lösung des Bandbreitenproblems ist der Einsatz eines Streamingservers empfehlenswert. Die grundsätzliche Funktionsweise von Streaming wird im Folgenden kurz erläutert.

Streaming

Streamingformate sind stark komprimiert, aber bei Verwendung der neuesten Codecs (Codierungs- und Decodierungsalgorithmen) dennoch qualitativ gut. Als besonders gut stellte sich im Projekt Streaminglabor für einen großen Versicherungskonzern in Düsseldorf das Format Real in der 9.Version heraus. (siehe [MBKW2003] S.10) Die zu streamenden Dateien werden auf einem Streamingserver abgelegt.

Streaming ermöglicht das Abspielen einer Audio-/Videodatei bereits während diese geladen wird. Die andere Variante, wo z. B. ein Video direkt in Lectora eingebunden wird, erfordert später bei der Nutzung des fertigen WBTs einen kompletten Download bevor die Datei auch mit der Möglichkeit des Vor- und Zurückspringens wiedergegeben werden kann. Dies dauert je nach vorhandener Bandbreite sehr lang, so dass der Lernende möglicherweise das Interesse verliert und weiterklickt. Allerdings eignet sich Streaming auch erst ab einer vorhanden Bandbreite von Einfach-ISDN.

Ähnliche Überlegungen müssen für die Mediathek und das Lexikon bei den Zusatzfunktionen angestellt werden. (siehe S.97 und S.99)

Einbettung von Mediaassets

Für Autoren ist es nun wichtig, zu wissen, wie sie überhaupt Mediaassets z. B. mit Lectora verwenden können.

In Lectora erscheint der eingebettete Player als schwarzes Feld, wenn man ein Video oder eine Animation einbindet. Die einzubettende Streaming-Datei wird als Web-Adresse in den Eigenschaften des Videofeldes angegeben. Es können nur das Realformat und Windows Media als Streamingvideos bzw. Audioformate in Lectora eingebunden werden.

Liegt aber noch keine Web-Adresse für den später vorgesehenen Server der Streamingdatei vor, muss z. B. ein entsprechend großes Textfeld eingesetzt werden, welches den Namen der im Drehbuch genannten Datei enthält. Denn in Lectora lässt sich der Player ohne Datei oder Web-Adresse nicht einfügen.

Audiodateien erscheinen in Lectora entweder mit einem Lautsprecherbild, einer Playerleiste oder sie sind unsichtbar und laufen automatisch ab. Für diese ist nur bei gewünschter Verwendung einer Playerleiste ein optischer Assetplatzhalter notwendig. Zunächst ist hier ein textueller Hinweis auf ein fehlendes Audioasset sinnvoll.

Animationen in Form von Flash-Dateien könnten theoretisch bei der Verwendung des Helix Streamingservers von Realnetworks (http://realnetworks.com) ebenfalls gestreamt werden, jedoch lässt Lectora ein Einbinden von Flash-Dateien als Streamingformat nicht zu. Diese müssen direkt in das WBT eingebunden werden.

Als weiteres Format für Animationen und Simulationen (Interaktive Animation) kommen Java-Applets in Frage, welche in Lectora als Externes HTML-Objekt eingebunden werden müssen.

Platzhalter für fehlende oder noch nicht angebundene Mediaassets

Das Einbinden von Mediassets ist, wenn diese bisher z. B. nur als Beschreibung im Drehbuch existieren, nicht möglich. Aber dem Autor soll eine Möglichkeit gegeben werden, die betreffende Seite im WBT bereits erstellen zu können, wobei er auch das gewünschte Layout ebenfalls mit auswählen kann.

Zu diesem Zweck werden spezielle Seitenvorlagen entwickelt, die den noch nicht vorhandenen Mediaassets einen Platz im Seitenlayout reservieren.

Der Autor beschreibt z. B. textuell in den gewünschten Feldern, welche Assets er dort eingesetzt haben möchte. Diese Assets sind laut Drehbuch noch zu produzieren oder möglicherweise muss das betreffende Asset auf einem Streamingserver abgelegt und in dem Assetplatzhalterfeld auf den Streamingserver verlinkt werden.

Für Video- und Audio-Assets wird ein Player in die gewählte Seitenvorlage eingebettet. Als Pixelabmessungen sind z. B. bei Video die Größen 352x264, 320x240 und 160x120 gängig.

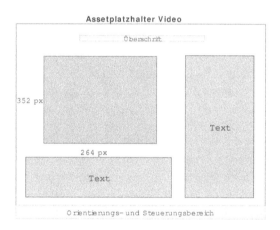

Abbildung 35 Beispiel Assetplatzhalter Video

Auch diese Assetplatzhalter werden von den Designern im Projekt E-Learning Workbench zusammen mit den anderen Seitenlayoutvorlagen entworfen.

Der Einsatz von Mediaassets ist aber auch bei anderen Inhaltsformen für den Content-Bereich sinnvoll. Vor allem bei Lernerfolgskontrollen sind Mediassets besonders der interaktiven Art wichtig. Im nachfolgenden Kapitel wird der Zweck von Lernerfolgskontrollen und mögliche Arten von Tests und Übungen in WBTs erläutert.

5.8 Tests und Übungen

Lernerfolgskontrollen und interaktive Übungen zum präsentierten Stoff regen den Lernprozess der Nutzer einer Lernsoftware erst richtig an. Sie sind als Unterstützung für Lernende gedacht und sollen verhindern, dass Lernende ein Lernprogramm nur oberflächlich bearbeiten (vgl. [Kerr2002] S.10). Lernende sollen sich Gedanken über die Lerninhalte machen und sie aktiv wiedergeben können. Daher ist es sehr wichtig einige Lernerfolgskontrollen und Übungen in einem WBT an passenden Stellen einzustreuen, z. B. eine Übung nach einer längeren Wissenspräsentationssequenz zur Auflockerung und aktiven Beschäftigung des Lernenden mit den Lerninhalten.

Je nach Lernziel sind explizite Abschlusstests einer Lektion notwendig. Ob dies notwendig ist, liegt im Ermessen des Autors. Bei einer sequentiell/linearen Strukturierung des Lernangebotes spielen Testfragen eine entscheidende Rolle für Verzweigungsentscheidungen, sofern eine Kontrolle des Lernweges durch das System möglich bzw. angestrebt wird. In Abhängigkeit der Richtigkeit einer Antwort wählt das System, beim Lernportal **alex** das LMS, den vom Autor bestimmten zum Testergebnis gehörigen Lernweg aus.

In motivationspsychologischer Hinsicht ist auch eine Rückmeldung (Feedback) zu den bearbeiteten Testaufgaben von großer Bedeutung. Dabei sollte es sich aber um ein differenziertes Feedback handeln, vor allem bei nicht korrekt oder nicht ganz korrekt gelösten Aufgaben, welches dem Lernenden eine genaue Prüfung seiner Vorgehensweise ermöglicht. (vgl. [Kerr2001] S.201, 206 und [Wen2003] S.154f., 172)

Es wird der Vorschlag gemacht, deutlich zwischen Tests und Übungen in WBTs der FH Düsseldorf zu unterscheiden. Tests werden durch das LMS mit einer Punkt- bzw. Prozentzahl der Richtigkeit eines Tests getrackt und Übungen nicht. Tests können zur automatischen Verzweigung im WBT verwendet werden (siehe hierzu auch Kapitel 5.10)

Bzgl. des WBT-Layouts erscheint es sinnvoll, die Zusatzfunktionen bei Tests nicht mit einzubinden, da Lernende oft bei einer Prüfung keine Hilfsmittel verwenden sollen.

Tests

Es gibt verschiedene Arten von typischen Testaufgaben für WBTs, wobei hier die Trackbarkeit der Ergebnisse durch das LMS in der Konzeption dieser berücksichtigt werden muss.

Wendt beschreibt folgende Basistypen (vgl. [Wen2003] S.144ff.):

- Ja/Nein-Aufgaben

- Auswahlaufgaben (Single-/Multiplechoice)

- Markierungsaufgaben

- Reihenfolgeaufgaben

- Zuordnungsaufgaben

- Textaufgaben

In Lectora sind allerdings nicht alle diese Typen verwendbar bzw. es gibt eine abgewandelte Variante.

- Ja/Nein-Aufgaben

- Auswahlaufgaben (Single-/Multiplechoice)

- Kurzantwort (Typ Textaufgabe)

- Lückentext (Typ Textaufgabe)

- Zuordnungsaufgaben

- Drag & Drop-Aufgaben (entspricht Reihenfolgeaufgaben)

Diese Aufgabentypen werden nun im Detail erörtert.

Ja/Nein-Aufgaben

Dieser Aufgabentyp ist der einfachste. Es wird eine Frage gestellt, die nur mit Ja oder Nein bzw. Richtig oder Falsch beantwortet werden kann.

Vorteil ist die einfache programmiertechnische Erstellung.

Von Nachteil ist die Möglichkeit mit 50%er Wahrscheinlichkeit die richtige Lösung zu erraten und die Antwort lässt nur wenig Rückschlüsse auf den tatsächlichen Kenntnisstand des Lernenden zu.

Auswahlaufgaben

Zu einer Fragestellung werden mehrere Antwortmöglichkeiten zum Anklicken angeboten. Eine (Single Choice) oder mehrere Antworten (Multiple Choice) sind richtig. Bei dieser Aufgabenart besteht ebenfalls das Risiko, dass die richtige Lösung erraten wird. Positiv aber ist, dass in Abhängigkeit von der Anzahl der zur Verfügung stehenden Antwortalternativen eine sehr differenzierte Auswertung möglich ist.

Abbildung 36 Multiple Choice Aufgabe

Meist wird diese Art von Aufgabe als didaktisch minderwertig angesehen. Allerdings kann der Einsatz anspruchsvollerer Antwortformate eine intensive Beschäftigung des Lernenden mit der Fragestellung nach sich ziehen. (vgl. [Kerr2001] S.207)

Kurzantwort-Aufgaben

Zu einer Fragestellung soll ein kurzer frei formulierter Text als Antwort gegeben werden. Der Autor kann bei Erstellung dieses Aufgabentyps festlegen, wieviele Zeichen maximal eingegeben werden können. Der Inhalt der Antwort kann durch ein LMS nicht ausgewertet werden, wohl aber wird die Antwort im System aufgezeichnet und kann durch eine reelle Person eingesehen und bewertet werden.

Dieser Aufgabentyp ist aus didaktischer Sicht deutlich hochwertiger als die zuvor genannten Typen. Allerdings muss die Bewertung von einer Person vorgenommen werden.

In Aspen wird einer Kurzantwort nach Abschicken der Antwort der Wert neutral zugewiesen (sonst korrekt oder falsch) und die Antwort selbst kann eingesehen werden.

In Lectora existiert auch die Möglichkeit ein so genanntes Essay als Aufgabe in einen Test einzubinden. Dieses Essay ist in seiner Antwortlänge unbeschränkt, was beim Tracking zu Problemen führt. Daher sind solche Testaufgaben bei einem SCORM-kompatiblen Kurs nicht zugelassen. Es erscheint auch eine Fehlermeldung beim Export aus Lectora und das Exportieren wird verweigert.

Lückentext

In einem Lückentext fehlen einige Worte, die durch den Lernenden in ein freies Textfeld eingegeben werden sollen. Vom Autor wird zuvor festgelegt, welches Wort das Richtige ist. Es können auch mehrere Antworten als richtig vorgegeben werden. Schreibt der Lernende nun eines der zuvor definierten Wörter hinein, so wird dies als richtig gewertet.

Diese Variante der Texteingabe eignet sich besonders zur Prüfung von Fachbegriffen und Fremdsprachenvokabular. Aus didaktischer Sicht besteht der Vorteil in der produktiven Problemlösung. Die Gefahr, dass Begriffe erraten werden, ist relativ gering. (vgl. [Wen2003] S.151)

Zuordnungsaufgaben

Bei Zuordnungsaufgaben wird je ein Begriff einem anderen zu geordnet. Es können so viele Paare, wie gewünscht, erzeugt werden. Wird dies mit Lectora gemacht, so werden bei der Eingabe im Dialog-Fenster die beiden zueinander gehörigen Begriffe eingegeben. Die Anordnung im Seitenlayout kann anschließend geändert werden, so dass sich die zusammengehörigen Paare nicht mehr gegenüberstehen.

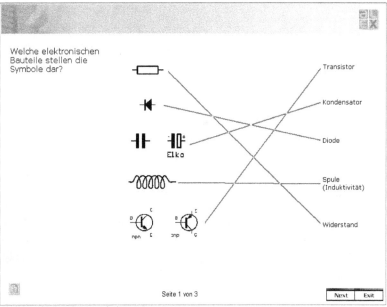

Abbildung 37 Zuordnungsaufgabe aus Lectora

Drag & Drop Aufgaben

Dieser Aufgabentyp ist grafisch orientiert. Der Lernende muss Objekte an bestimmte Stellen auf der Arbeitsfläche im Content-Bereich ziehen. Sie schnappen an den vom Autor definierten Stellen ein, wobei das Einschnappen an jeder der definierten Stellen funktioniert und nicht nur an der korrekten. Dadurch wird der Schwierigkeitsgrad mit der Anzahl der einzuordnenden Objekte erhöht. Drag & Drop Aufgaben sind inhaltlich verwandt mit Multiple Choice Aufgaben.

Darüber hinausgehende Funktionen in Lectora-Testkapiteln

In Lectora lassen sich für ein Testkapitel weitere Einstellungen vornehmen. Um das Tracking durch das LMS zu aktivieren, muss ein solches Testkapitel angelegt werden. Einfache Testfragen ohne ein sie umfassendes Testkapitel werden nicht getrackt.

Es gibt folgende Einstellmöglichkeiten:

- – Zeitlimit zur Bearbeitung des Tests, welches dem Lernenden zuvor per Pop-Up Fenster mitgeteilt werden sollte (und durch Verwendung eines Zeitlimits in Lectora auch aktiviert wird)

- – Wiederholung des Tests kann auf unbeschränkt oder eine definierte Anzahl gesetzt werden, wobei Letzteres dem Lernenden per Pop-Up Fenster mitgeteilt wird

- – Feedback zu jeder Aufgabe, nur zum gesamten Test, nur Mitteilung der Punktzahl oder kein Feedback

- – Randomisierung von Testfragen: Es werden bei Aufruf des Tests automatisch zufällig einige Fragen aus der gesamten Anzahl ausgewählt

Als Ergebnis wird Folgendes auf Aspen bei einem SCO mit Test getrackt:

- – Zeit

- – Prozentzahl der richtig bearbeiteten Aufgaben, sofern ein Test in dem jeweiligen SCO vorhanden ist

- – Status (Siehe SCORM-Exkurs S.76)

Bei Tests kann jede einzelne Antwort des Lernenden eingesehen werden, auch von diesem selbst.

Ziel- und Interaktionsdetails für "Referenzkurs1"		Zurück zur Fortschrittsübersicht	
Interaktions-ID	Typ	Ergebnis	Antwort
Question_1_750-1	matching	correct	1.A
Question_1_750-2	matching	correct	2.B
Question_1_750-3	matching	correct	3.C
Question_1_750-4	matching	correct	4.D
Question_1_587	choice	correct	A%2CC

Abbildung 38 Testauswertung nach einzelnen Testfragen

Übungen

Übungen können sehr viel vielfältiger ausfallen als Tests, da hier nicht darauf geachtet werden muss, ob etwas außer der Zeit getrackt werden muss. Sie dienen der freiwilligen Selbsteinschätzung und auch, um das zuvor theoretisch präsentierte Wissen, z. B. in Simulationen, praktisch anzuwenden. Es können alle zuvor genannten Aufgabentypen auch für Übungen verwendet werden, nur mit dem Unterschied, dass das Ergebnis nicht getrackt wird. Das betreffende SCO darf nur kein als Test deklariertes Testkapitel enthalten. Auch freie Textaufgaben lassen sich in Übungen einsetzen. Diese werden dann aber zur Kontrolle z. B. per Mail-Formular an einen Tutor geschickt werden.

Im Allgemeinen sollte es die Möglichkeit geben, einen Hinweis zur richtigen Lösung einer Aufgabe zu bekommen.

Simulationen

Zum Üben und Ausprobieren eignen sich besonders Simulationen, um die realen Sachverhalte veranschaulichen. Der Lernende kann z. B. durch Veränderung von Parametern die Reaktion eines Systems beobachten und eigene Schlüsse daraus ziehen.

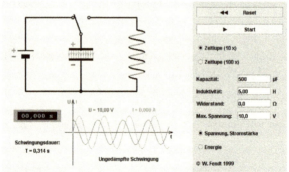

Abbildung 39 Simulation eines elektrischen Schwingkreises, Quelle:
http://www.walter-fendt.de/ph14d/schwingkreis.htm

Simulationen sind in der Erstellung allerdings aufwendig, haben aber große Lernerfolgschancen und sind für den Benutzer sehr ansprechend.

Bei Programmsimulationen, besonders wenn die Arbeitsschritte hinterher in einem Test überprüft werden sollen, ist zu beachten, dass es meistens mehrere Wege gibt, ein Problem zu lösen.

Sequenzen von Wissenspräsentationen, Tests und Übungen

Nach didaktischen Gesichtspunkten ist es empfehlenswert, Wissenspräsentationen, Tests und Übungen dem Lernenden in bestimmter Abfolge zu präsentieren. Die nachfolgenden Kapitel zeigen Wege zur Strukturierung von Lernprogrammen unter Berücksichtigung der genannten Inhaltstypen auf und erläutern mögliche Abfolgen.

5.9 Konzepte für die Kapitelstrukturierung

Bei Verwendung des Autorenwerkzeugs Lectora in Zusammenhang mit SCORM existieren 2 grundlegende Konzepte hinsichtlich der Strukturierung eines WBTs. SCORM bietet eine Möglichkeit; Lectora bietet ein andere aber sehr ähnliche. Zunächst werden diese beiden Strukturierungsmöglichkeiten beschrieben und anschließend wird ein Vorschlag zur Verbindung beider unterbreitet. Dieser Vorschlag erfolgt unter Verwendung der in den letzten beiden Kapiteln beschriebenen Inhaltstypen eines WBTs.

Diese könnten als unterschiedliche SCO-Typen in Erscheinung treten. Die sich daraus ergebenden Möglichkeiten werden in den letzten beiden Unterabschnitten erörtert.

5.9.1 Hierarchische Strukturen in SCORM und in Lectora

Unter Berücksichtigung von SCORM und der Verwendung von Lectora lassen sich didaktische Strukturen der Exposition und der Exploration nach Kerres (vgl. Kapitel 5.2.1) abbilden. Dass heißt, es können sequentielle und logische Strukturen angelegt werden.

Nach SCORM 1.2 ist es erlaubt, in ein Manifest Submanifeste einzubetten (siehe S.72). Auf SCOs übersetzt bedeutet dies, dass SCOs verschachtelt werden können. Ein SCO kann mehrere SCOs enthalten. Vom LMS wird jedes einzelne separat getrackt, auch das Übergeordnete.

Diese hierarchische Verschachtelung ermöglicht es Autoren, Kapitel mit Unterkapiteln auf Kursebene zu verwenden, wobei jedes Kapitel getrackt werden kann. Ein weiterer Vorteil ist, dass die Unterkapitel im Inhaltsverzeichnis des Aspen-Content-Players angezeigt werden können.

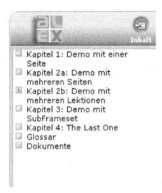 

Abbildung 40 Verschachteltes SCO

Die SCO-Verschachtelung ist mit Lectora nicht realisierbar. Jedoch genügt eine kleine manuelle Änderung der Manifest-Datei eines Kurses (Strukturbeschreibung einer Content Aggregation siehe SCORM-Exkurs S.72) nach dem Exportieren eines Lectora-kurses nach SCORM. Aspen kann das veränderte Manifest auslesen und stellt den Kurs wie oben abgebildet dar. Da nur die Manifest-Datei geändert wird, bleibt die Trackbarkeit auch des nun übergeordneten SCOs erhalten.

In Anhang 3 wird eine Änderung an der Manifest-Datei eines Beispiel-WBTs erläutert.

Konsequenzen für die Navigation

Bewegt sich der Lernende mit dem Weiter-Button des Aspen Content Players durch ein WBT mit verschachtelten SCOs, so werden diese auch der Reihenfolge nach von oben nach unten (wie oben abgebildet) durchlaufen. Hat ein SCO ein oder mehrere Unter-SCOs, dann folgt diesem als nächstes das erste Unter-SCO. Nach dem letzten Unter-SCO springt der Lernende durch Betätigung des Weiter-Buttons wieder eine Hierarchieebene höher zum nachfolgenden SCO.

Jedoch ergibt sich durch das Verschachteln zumindest optisch eine hierarchische Struktur, die für den Lernenden hilfreich zur Orientierung ist. Des Weiteren können auf diese Weise die SCOs klein gehalten werden. Ein inhaltlich gesehen umfangreiches Kapitel kann auf mehrere Unterkapitel aufgebrochen werden. In Lectora müssten die Kapitel, die in ein anderes verschachtelt werden sollen, z. B. durch eine Indizierung kenntlich gemacht werden.

Konsequenzen für SCOs

Ein SCO der obersten Ebene in einer Hierarchie enthält möglicherweise nur eine Einleitungsseite oder sogar gar keine und ist daher nicht sinnvoll wiederverwendbar. Die Unter-SCOs mit den eigentlichen Inhalten sind dies aber ohne Weiteres.

Es liegt daher im Ermessen des Autors, ob er hierarchische Strukturen lieber innerhalb eines SCOs abbildet oder ob er dies auf höherer Ebene mit SCO-Verschachtelung realisiert.

Im nachfolgenden Abschnitt wird beschrieben, wie eine hierarchische Strukturierung innerhalb von SCOs bei Lectora realisiert werden kann.

Kapitelstruktierung in Lectora

Abbildung 41 Lectora-Explorer

Intra-SCO-Strukturen können leicht in Lectora erzeugt werden. Lectora basiert auf der Buchmetapher, das heißt es gibt innerhalb eines Kurses, dem so genannten „Title", Kapitel, Unterkapitel und Seiten. Mit diesen Objekten lassen sich hierarchische Strukturen innerhalb eines SCOs erzeugen.

Abbildung 42 Lectora-Inhaltsverzeichnis im WBT

Diese können dem Lernenden mit Hilfe des Inhaltsverzeichnisses, nicht zu verwechseln mit dem des Aspen Content Players, visuell veranschaulicht werden und er kann dieses Inhaltsverzeichnis auch zur Navigation zwischen den Seiten verwenden.

Die Obereinheit von Kapiteln, Unterkapiteln und Seiten stellt bei SCORM-konformen Kursen die Assignable Unit (AU) dar, welche ein SCO ist.

Diese Buchmetapherstruktur beruht noch auf Konzepten älterer E-Learning-Standards, wo noch kein Konzept zur Modularisierung von Kursen bzw. WBTs existierte und ein Kurs nur als Ganzes weitergegeben werden konnte. Die Verwendung von SCOs als Lerneinheiten ermöglicht die Weitergabe einzelner Lerneinheiten, die dann voll funktionsfähig in einen anderen Kurs integriert werden können. (siehe SCORM-Exkurs S.71) Diese unabhängigen Lerneinheiten können auch zur Strukturierung eines WBTs, wie im vorigen Abschnitt beschrieben, verwendet werden.

Gleichzeitige Verwendung von SCOs und Lectora-Inhaltsverzeichnis

Ein Nachteil bei der Verwendung des Lectora eigenen Inhaltsverzeichnis ergibt sich dadurch, dass bei gleichzeitiger Verwendung mehrerer SCOs in einem WBT 2 Inhaltsverzeichnisse existieren. Diese können zwar je nach Implementation des Lectora-Inhaltsverzeichnisses beide ein- und ausgeblendet werden, aber 2 Inhaltsverzeichnisse führen möglicherweise zur Irritation und Verlust der Orientierung beim Lernenden.

5.9.2 SCO-Typen differenziert nach didaktischer Funktion

Interpretiert man die in den Kapiteln 5.7 und 5.8 beschriebenen Inhaltstypen mit ihren unterschiedlichen didaktischen Funktionen als verschiedene SCO-Typen, so ergeben sich differenzierte Trackingmöglichkeiten bzgl. des Lernfortschritts eines Lernenden. (siehe SCORM-Exkurs S.76)

Die Differenzierung nach SCO-Typen erfolgt analog zur Differenzierung nach didaktischer Funktion:

- Wissenspräsentation

- Übung

- Test

Tabelle 5 zeigt auf, welche Parameter eines SCOs bei welchem SCO-Typ getrackt werden sollen.

Trackbare Parameter	Wissenspräsentation	Übung	Test
Zeit	x	x	x
Status	x	x	x
Score			x

Tabelle 5 Trackbare Parameter je SCO-Typ

Tabelle 6 erläutert die möglichen Zustände aufgeschlüsselt nach SCO-Typ

Status	Wissenspräsentation	Übung	Test
not attempted/ incomplete/ completed	x	x	x
passed/ failed			x
Prozent bestanden			x

Tabelle 6 SCO-Zustände

Anhang 1 beschreibt, welche Funktionen in Lectora angelegt werden müssen, um den Status completed an das LMS schicken zu können.

Anhang 2 zeigt auf, wie in Lectora die Voraussetzungen für die SCO-Zustände passed/failed sowie für das Scoring erzeugt werden können.

Die strikte Trennung von Wissenspräsentations- und Übungs-SCOs ist nur eine Möglichkeit. Wissenspräsentationen und Übungen können auch innerhalb eines SCOs vorhanden sein. Dadurch, dass bei beiden dieselben Parameter getrackt werden, ist eine Mischung aus beiden Typen möglich und didaktisch gesehen bei längeren Wissenspräsentationen zur Auflockerung und zur interaktiven Einbeziehung des Lernenden vernünftig.

Motivations-SCO

Eine besonderer SCO-Typ könnte der Motivation des Lernenden dienen. Dieses SCO ist eine Abwandlung des Wissenspräsentations-SCO-Typs. Es enthält z. B. einige Animationen, die auf die Lerninhalte der folgenden SCOs einstimmen sollen. Da eine solche Motivation nicht immer gewünscht ist und möglicherweise zu viele Seiten in einem SCO beansprucht, wurde diese Idee zu einem eigenen SCO-Typ.

5.9.3 Vorschlag zur Verbindung der Hierarchiekonzepte von SCORM und Lectora

Die in Kapitel 5.9.1 beschriebene Möglichkeit, SCOs mit Hilfe einer manuellen Änderung der Manifest-Datei ineinander zu verschachteln, ist z. B. unter Berücksichtigung der in Kapitel 5.9.2 beschriebenen SCO-Typen nützlich.

Ausgehend davon, dass Wissenspräsentationen als SCOs nur in Form von Hauptkapiteln realisiert werden und eine tiefere inhaltliche Untergliederung innerhalb dieser SCOs erfolgt, ist z. B. folgendes Szenario denkbar:

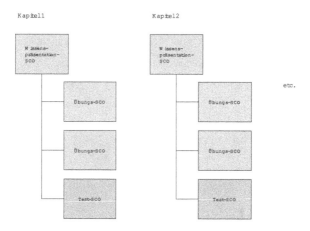

Abbildung 43 Nutzung der SCO-Verschachtelung unter Berücksichtigung der SCO-Typen

Einem Wissenspräsentations-SCO werden Übungs- und Test-SCOs zugeordnet. Um diese Zuordnung auch dem Lernenden optisch deutlich zu machen, werden die Übungs- und Test-SCOs dem zugehörigen Wissenspräsentations-SCO untergeordnet und in der Manifest-Datei in dieses eingebettet.

Dadurch, dass es sich nach wie vor um einzelne SCOs handelt, können diese auch einzeln getrackt werden. Die inhaltliche Unterscheidung ist zur Auswertung für Lehrende interessant; so können sie sehen, was die Lernenden tatsächlich bearbeitet haben.

Die Verschachtelung ist beim Einsatz der 3 SCO-Typen keine Notwendigkeit, sie können auch auf gleicher Ebene liegen. Dann sollte die Zuordung z. B. durch die richtige Abfolge der SCOs gekennzeichnet werden (Wissenspräsentation Kapitel 1, Übung1 zu Kapitel 1, Übung 2 zu Kapitel 1, Test zu Kapitel 1, etc.)

Nutzung der Buchmetapher von Lectora für Hierarchien in SCOs

Für eine inhaltliche Untergliederung bietet sich unter der Verwendung von SCOs nur als Hauptkapitel die Nutzung der Lectora-Kapitel für die Unterkapitel an.

Befindet man sich innerhalb eines SCOs, so kann dessen Inhalt mit dem Lectora-Inhaltsverzeichnis übersichtlich gestaltet werden.

Es lassen sich die unterschiedlichen SCO-Typen innerhalb z. B. wie folgt strukturieren, wobei Übungen entweder analog zu Wissenspräsentations-SCOs oder zu Test-SCOs aufgebaut sein können:

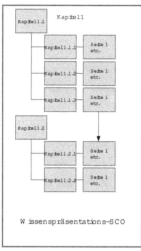 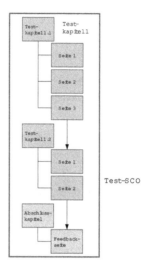

Abbildung 44 Kapitelstrukturen in Lectora

Feedbackseite

Das Testkapitel hat in diesem Vorschlag noch ein Kapitel mit nur einer Feedback-Seite. Diese wäre hier eine, wo auch die Fragen zu den vom Lernenden gegebenen Antworten und deren Korrektheit angezeigt wird. Wird in Lectora festgelegt, dass die Antworten über die aktuelle Sitzung hinaus erhalten bleiben sollen, so können diese auf der Feedbackseite eingesehen werden. Letzteres ist allerdings nur möglich, wenn das zugehörige SCO noch nicht abgeschlossen ist oder der LMS-Administrator das Aufrufen bereits abgeschlossener SCOs freischaltet.

Um die Fragen auch anzeigen zu können, ist die Konstruktion einer eigenen Feedbackseite notwendig. Aspen kann die Fragen nicht mit auslesen, da diese nicht in Variablen geschrieben werden.

Diese eigene Feedbackseite muss innerhalb von Lectora in ein Kapitel gesetzt werden, da eine einzelne Seite nicht hinter Kapiteln angelegt werden kann. Als erste Seite in einem SCO würde sie bei Start desselben auch als erste aufgerufen, daher ist es notwendig, sie in ein eigenes Kapitel hinter die anderen zu setzen.

5.10 Lernwegstrukturen

Kursstrukturen auf Basis der Buchmetapher und unter Verwendung von SCOs bilden zunächst das Grundgerüst eines WBTs. Diese können unter didaktischen Gesichtspunkten weiter ausdifferenziert werden. Die Rede ist hier von Lernwegen oder Lernpfaden. Ein Autor kann sich beim didaktischen Design eines Lernprogrammes bestimmter Grundtypen der Lernweggestaltung bedienen, wobei die Wahl der Lernwegstruktur von großer Bedeutung für den Lernerfolg des Lernenden ist. Die Lernwegstruktur ermöglicht es, Lerninhalte auf verschiedene Weise darzustellen und unterschiedliche Zugangswege zum Lernstoff bereitzuhalten. Lernende können mit Hilfe einer solchen auf Lernziele und Zielgruppe zugeschnittenen Struktur ihren eigenen Lernprozess besser organisieren. (vgl. [Wen2003] S.112)

Um den Autoren das didaktische Design zu vereinfachen, werden nun einige mögliche Lernwegstrukturen und -sequenzen vorgestellt.

Es haben sich 2 Grundtypen von Lernwegstrukturen etabliert:

– Vorgegebener Lernweg (Exposition siehe S.61)

– Offene Lernwegstruktur (Exploration siehe S.61)

Die offene Struktur ist zunächst automatisch durch SCORM 1.2 gegeben. Der Lernende kann frei zwischen den SCOs im Inhaltsverzeichnis des Aspen Content Players hin und her springen; denn das wichtigste Prinzip von SCORM ist die Unabhängigkeit der einzelnen SCOs untereinander. Grundsätzlich liegt jedes SCO auf der gleichen Hierarchieebene wie die anderen in einem SCORM-Kurs. Dies schränkt die Möglichkeiten in Bezug auf eine globale Struktur eines vorgegeben Lernweges auf die lineare Abfolge der SCOs ein. Die lineare Abfolge wird im Aspen Content Player durch die Vor-/

Zurück-Buttons der Inter-SCO-Navigation realisiert. Andere Strukturen müssen innerhalb eines SCOs erzeugt werden oder z. B. durch eine Verschachtelung von SCOs ineinander (Submanifeste im Hauptmanifest siehe S.72 und hierarchische SCO-Verschachtelung S.116).

Interne SCO-Sequenzierung

Werden SCOs ganz streng nach SCORM als kleinste Lerneinheiten angesehen (siehe S.71), sind die Möglichkeiten zur inneren Strukturierung eingeschränkt. Diese Sichtweise erlaubt pro SCO mit linearer Sequenz eine Anzahl von 5-9 Seiten, was in Hinsicht auf die Kapazität des menschlichen Kurzzeitgedächtnisses empfehlenswert ist (siehe S.79). Eine andere Idee wäre, die Lectora-Kapitel als kleinste Lerneinheiten aufzufassen.

Der Unterschied zwischen beiden Ansätzen ist der, dass ein SCO als Lerneinheit einzeln getrackt werden kann. Ein Lectora-Kapitel ist Bestandteil eines SCOs unter einem oder mehreren weiteren Kapiteln, wobei nur ein Ergebnis von allen Kapiteln zusammen getrackt werden kann.

Im Folgenden werden einige Sequenzen von Seiten mit didaktisch belegter Funktion erörtert. Als Lerneinheit wird ein Lectora-Kapitel angesehen. Eine Sequenz stellt also zunächst genau ein solches Kapitel dar.

Lineare Sequenzen

Um dem Lernenden die Entscheidungsmöglichkeit zu geben, ob ein Kapitel für ihn interessant ist, besteht der Inhalt der ersten Seite einer Lerneinheit in einer Lernzielangabe. Eine andere Variante besteht darin, die Lernzielbekanntgabe statt auf der ersten Seite im Content-Bereich im Funktionsbereich unter dem Reiter Hintergrundwissen unterzubringen. Im Content-Bereich wäre dann eine einfache Einleitung zu lesen. (vgl. [Schr98] S.321)

Dann beginnt die eigentliche Lektion mit einer gut durchmischten Abfolge von Wissenspräsentationen und Übungen. Zum Abschluss erhält der Lernende eine Zusammenfassung des zuvor Präsentierten, um das Gelernte festigen zu können.

Abbildung 45 Linearer Pfad, Standard

Eine Abwandlung der einfachsten linearen Sequenz ist eine, die einen Abschlusstest enthält.

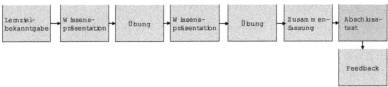

Abbildung 46 Linearer Pfad mit Test

Diese Variante zwingt den Lernenden allerdings, einen Test zu machen, um das SCO überhaupt abschließen zu können. Möchte ein Lernender ein WBT nur zur Information und zum Üben bearbeiten und sich keinem Test unterziehen, so werden solche Sequenzen möglicherweise als einschränkend und bevormundend empfunden.

Aufgrund dessen ist es besser, separate Test-SCOs (siehe SCO-Typen Kapitel 5.9.2) zu verwenden, die nur auf Wunsch des Lernenden oder bei Verwendung in Laborpraktika zum Bestehen derselben absolviert werden.

Ein solches Test-SCO beginnt mit der Angabe, welche Inhalte und oder/Fähigkeiten getestet werden. Der Lernende erhält z. B. erst am Ende ein Feedback über den gesamten Kurs. Wie dieses Feedback aussehen kann, wurde in Kapitel 5.8 beschrieben.

Abbildung 47 Test mit Gesamtfeedback

Bei Test-SCOs ist es möglicherweise besser, kein Lectora-Inhaltsverzeichnis zu verwenden, damit der Lernende alle Testfragen bearbeitet und dies möglichst der Reihenfolge nach. Ebenso sollten die Zusatzfunktionen bei Test-SCOs nicht mit eingebunden werden. (siehe Tests und Übungen S.108)

Ähnlich wie ein Test-SCO könnte ein reines Übungs-SCO aussehen. Der Unterschied zu Test-SCOs besteht darin, dass weitere Aufgabentypen wie das Essay (siehe Tests und Übungen S.111) durch den nicht getrackten Score eingebunden werden können. Zuletzt erhält der Lernende wie bei der einfachen linearen Sequenz einer Wissenspräsentation eine Zusammenfassung über den Inhalt des SCOs.

Abbildung 48 Reine Übungssequenz

Ein weitere Variante eines Test-SCOs wäre eine, die dem Lernenden zu jeder einzelnen Testaufgabe ein inhaltliches Feedback gibt (siehe Tests und Übungen S.113). Jedes Feedback wird über ein Pop-Up-Fenster vermittelt.

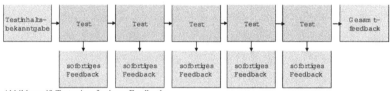

Abbildung 49 Test mit sofortigem Feedback

Ein in Bezug auf lineare und mehrpfadige Sequenzen hybrides SCOs stellt der „Short cut"[13] dar. Eine Sequenz mit einem Shortcut ist im Prinzip eine einfache lineare Sequenz, die an einer Stelle einen Sprung zu einer Seite nahe dem Ende der Sequenz besitzt. Diese Abkürzung ist z. B. für Lernende gedacht, die mit dem Lernstoff schon weitestgehend vertraut sind.

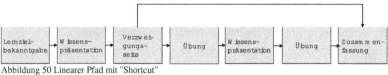

Abbildung 50 Linearer Pfad mit "Shortcut"

Es sind allerdings komplexere Sequenzen mit echten weiteren Lernpfaden denkbar. Einige Beispiele werden im nächsten Abschnitt beschrieben.

---

13 Engl. für Abkürzung

Mehrpfadige SCOs

Innerhalb eines SCOs sind alle Arten von vernetzten Strukturen wie in Kapitel 5.2.2 beschrieben möglich. Um aber das Verirren der Lernenden in komplexen Hypertextstrukturen zu verhindern, werden nur SCOs mit relativ übersichtlichen Strukturen vorgestellt, denen direkt eine didaktische Funktion zugewiesen werden kann.

Auch die Möglichkeiten bezüglich des Orientierungsbereiches (siehe S.86), der eben eine solches Verirren verhindern soll, schränken die Komplexität der Strukturen ein.

Dualer Lernweg

Möchte der Autor dem Lernenden z. B. 2 Möglichkeiten zu geben, um an eine Thematik heranzugehen, so kann er sich des dualen Lernweges bedienen. Dieser ist bei heterogenen Zielgruppen (siehe Zielgruppenbestimmung Kapitel 5.1 S.59) gut einsetzbar. Es können so in einem Lernprogramm Leute mit unterschiedlichen Vorwissen angesprochen werden. Der eine Weg beinhaltet z. B. Basiswissen, der 2. vertiefendes Wissen. Abbildung 51 zeigt die Ausweitung der einfachen linearen Sequenz zu einer Sequenz mit 2 Lernpfaden.

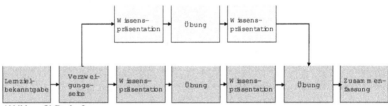

Abbildung 51 Dualer Lernweg

Inhaltlich kann der gelb dargestellte Pfad beispielsweise ein so genannter Expertenpfad sein. Dieser dient der Vermittlung vertiefender Kenntnisse und der Klärung weiterführender Fragen. (vgl. [Schr98] S.320) Letzteres kann allerdings auch z. B. durch die Zusatzfunktionen Hintergrundwissen, Glossar oder Lexikon (siehe Kapitel 5.6) abgefangen werden. Die Zusatzfunktionen bieten dabei nur sehr kleine Teile vertiefenden Wissens, im Expertenpfad lässt es sich ausführlicher darstellen.

Zur zusätzlichen Orientierungsmöglichkeit für den Lernenden wird mit farblichen Codierung für beide Pfade gearbeitet. Der Expertenpfad erhält z. B. im 2.Orientierungsbereich eine andere Farbe als der Standardlernpfad. Außerdem wird im 2. Orientierungsbereich (siehe S.86) der Kapitelname um einen Zusatz, z. B. Expertenpfad, erweitert.

Welcher Weg bei Nutzung eines WBTs mit einem solchen SCOs beschritten wird, unterliegt der Kontrolle des Lernenden.

Dualer Lernweg als Exkurs

Eine Abwandlung des dualen Lernweges stellt ein Exkurs dar. Dieser trifft genau an der Stelle wieder auf den normalen Lernweg, wo dieser verlassen wurde. Auch hier findet die farbliche Codierung und die Zusatzangabe im 2.Orientierungsbereich statt.

Abbildung 52 und 53 zeigen die strukturellen Möglichkeiten zum Einsatz eines Exkurses.

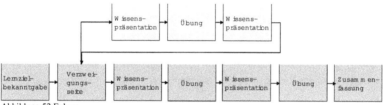

Abbildung 52 Exkurs

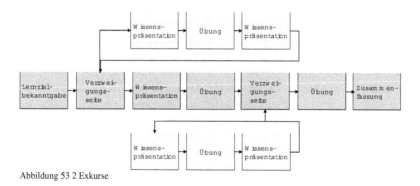

Abbildung 53 2 Exkurse

Bei diesen mehrpfadigen SCOs kann das Lectora-Inhaltsverzeichnis diesen Weg nicht logisch/visuell abbilden. Die entsprechenden Seiten liegen nach der Buchmetapher weiterhin in linearer Abfolge bzw. mit Kapiteln und Unterkapiteln hierarchisch angeordnet vor. Es lässt sich in Lectora nur die funktionale Navigation erstellen (siehe Anhang 4). Der Einsatz dieses Inhaltsverzeichnisses zur Orientierung und Navigation kann in mehrpfadigen SCOs zur Verwirrung des Lernenden führen.

Systemkontrolle

Die bisher vorgestellten Sequenzen unterliegen der Lernerkontrolle.

Bis zu einem gewissen Grad lässt sich auch eine Kontrolle durch das LMS (Systemkontrolle) implementieren. Bei einigen WBTs wird z. B. ein Vortest eingesetzt, um das Vorwissen des Lernenden in der Darbietung der Lektionen zu berücksichtigen. So muss ein Lernender, der das Grundlagenwissen einer Thematik bereits beherrscht nach Absolvierung eines Vortests, die Lektionen, die Grundlagenwissen beinhalten, nicht mehr bearbeiten. Sie werden vom System ausgeblendet.

Ganz soweit ist dies bei der Verwendung von SCORM 1.2. und dem Autorenwerkzeug Lectora nicht möglich, aber es lassen sich Äquivalente implementieren. Dies muss bisher auf SCO-Ebene geschehen, da diese nach SCORM 1.2 vollständig unabhängig voneinander sind und keine Steuerungsmöglichkeiten seitens des LMS existieren.

Vortest

Ein Vortest kann z. B. mit einer Empfehlung zur Bearbeitung von bestimmten anderen SCOs im Kurs erfolgen. Dies kann als ein eigenes SCO implementiert werden, wobei durch die Empfehlungen eine inhaltliche Abhängigkeit zwischen SCOs erzeugt wird. Dies widerspricht dem SCORM-Prinzip der Unabhängigkeit von SCOs; technisch gesehen ist es aber möglich, da auf dieser Ebene die Unabhängigkeit gewährleistet ist. Bei einer anderen Variante der Systemkontrolle wird ein SCO mit Vortest genommen, wo direkt die automatische Verzweigung innerhalb des SCOs auf bestimmte (Lectora-) Kapitel vorgenommen wird.

Mit Lectora lässt sich nur eine Verzweigung auf 2 Wegen erzeugen, da nur die Parameter „passed" und „failed" eines Tests genutzt werden können. Dies führt bei einer Verzweigung auf mehr als 2 Empfehlungen oder Kapitel zu einer hierarchischen Struktur des Vortest-SCOs. Abbildung 54 veranschaulicht dies.

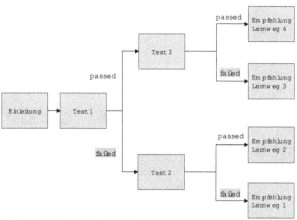

Abbildung 54 Verzweigtes Test-SCO

Ein solches Test-SCO braucht nicht bewertet zu werden. In Lectora kann die Funktion, welche das SCO bewertbar macht, deaktiviert werden.

Lernsequenz mit integriertem Vortest

Wird ein Vortest in einem SCO mit darauf folgenden Lectora-Kapiteln eingesetzt, also ein Vortest mit automatischer Verzweigung, so ergeben sich bzgl. des Scorings Probleme, falls das Prozent-Ergebnis an das LMS übermittelt wird. Durch die automatische Verzweigung ist es ohne Einsatz des Lectora-Inhaltsverzeichnisses nicht möglich, alle Testfragen zu absolvieren und der Lernende kann nie 100% erhalten. Mit dem Inhaltsverzeichnis kann der Lernende die nicht präsentierten Testfragen anwählen und absolvieren. Dies ist allerdings nicht im Sinne des Vortest-Einsatzes.

Vorschlag für eine mögliche Gesamtkursstruktur

Unter Verwendung der verschiedenen SCO-Typen sowie einem Motivations-SCO und einem Vortest ergibt sich z. B. folgende mögliche Gesamtkursstruktur. Dargestellt ist diese hier nur bis zur SCO-Ebene mit Ausnahme des Vortest-SCOs. Hier werden zur Verdeutlichung noch die Empfehlungsseiten dargestellt, die nach Absolvieren des Tests erscheinen. Innerhalb der abbgebildeten SCOs können die zuvor beschriebenen Seitensequenzen verwendet werden.

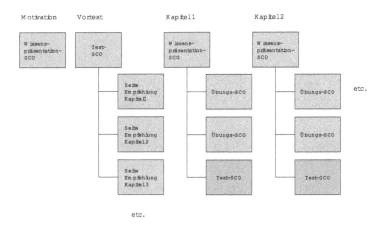

Abbildung 55 Gesamtkursstruktur mit Motivation und Vortest

Die Verwendung eines Vortests und weitere Möglichkeiten zur Sequenzierung kann in zukünftigen Versionen von SCORM anders erfolgen. Das nächste Kapitel gibt hierzu einen Ausblick.

5.11 Erweiterte Kurssequenzierungsmöglichkeiten nach SCORM 1.3

Standardmäßig werden SCOs in der Reihenfolge ihres Auftauchens in der Content Aggregation von dem LMS angezeigt. Wird z. B. die Vor-/Zurück-Funktion des Aspen Content Players verwendet, so wird linear von einem zum nachfolgenden SCO gesprungen. Ansonsten ist der Lernende frei, jedes gewünschte SCO aus dem Inhaltsverzeichnis des Content Players anzuspringen. Aber es gibt noch weitere Sequenzierungskonzepte, um z. B. in Abhängigkeit des Kenntnisstandes eines Lernenden, die Reihenfolge der SCO-Anzeige zu beeinflussen. Traditionell wird dies z. B. durch einen Vortest, wie im vorigen Kapitel vorgestellt, bewerkstelligt. Die erreichte Punktzahl bestimmt den weiteren Lernweg.

Sequenzierung in SCORM 1.2

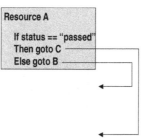

Abbildung 56 Sequenzierungsregeln
nach SCORM 1.2

In SCORM 1.2 existiert das Konzept der Verwendung von Objectives. Ein Objective ist eine globale Variable, die es dem LMS erlaubt Status-Werte (passed/failed, incomplete/completed, etc.) allen SCOs zur Verfügung zu stellen. Der Wert eines Objectives entspricht dabei der erreichten Punktzahl. Jedes SCO kann mehrere oder nur ein Objective setzen oder lesen. (vgl. [SCORMBest2003] S.42). Diese werden nach Bearbeiten eines SCOs als Ergebnis an das LMS gesendet. Die Anzeige von anderen SCOs bzw. deren Abfolge kann vom Wert eines solchen Objectives abhängig gemacht werden. Die Regeln und Bedingungen zur Sequenzierung werden in SCORM 1.2 noch in die SCOs geschrieben, was die Wiederverwendbarkeit in anderen Kursen einschränkt. (vgl. [Krin2002] S.5)

Mit mit Hilfe dieser Technik sollten zwar auch andere Sequenzen als die lineare Standard-Sequenz erzeugt werden können, doch Lectora beherrscht das Setzen von Objectives nicht. Daher ist unter Aspen und der Verwendung von Lectora bisher nur eine lineare SCO-Abfolge möglich, die allerdings zu einer verschachtelten hierarchischen Struktur durch Modifikation der Manifest-Datei eines Kurses geändert werden kann.(siehe Kapitel 5.9.1 und Anhang 3) Es handelt sich dabei aber nicht um eine Struktur mit Systemkontrolle, wie sie bei mit Vortests in z. B. AICC-Kursen erzeugt werden kann.(siehe Kapitel 5.10 S.130)

Eine solche Sequenzierung unter Verwendung von Vortests oder in Abhängigkeit des Bearbeitungsstandes bestimmter SCOs wird aber mit zukünftigen Versionen von SCORM möglich sein. Der folgende Abschnitt gibt einen Ausblick auf Sequenzierungsmöglichkeiten nach SCORM 1.3.

Sequenzierung nach SCORM 1.3

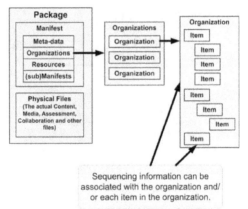

Abbildung 57 Sequencing Informationen in der Content Aggregation, Quelle: [Krin2002] S.20

In SCORM 1.3. wird eine Sequencing Engine eingeführt, welche die SCO-Sequenzierung sehr einfach macht. Diese wird vom LMS gestellt. Es wird möglich, Regeln und Bedingungen zur zeitlichen und inhaltlichen Sequenzierung von SCOs in die Content Aggregation zu implementieren. Die Sequencing Engine liest die Regeln und Bedingungen dort aus.

Die Abhängigkeiten, die zwischen SCOs erzeugt werden sollen, werden nun komplett außerhalb der SCOs gelegt, was die Unabhängigkeit der SCOs gewährleistet.

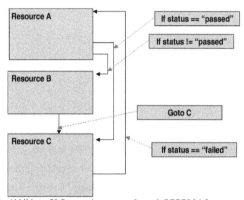

Abbildung 58 Sequenzierungsregeln nach SCORM 1.3

So lange SCORM 1.3 aber in nur in einer vorläufigen Fassung vorliegt, kann kein LMS oder Autorenwerkzeug konform zu dieser Version sein und es müssen andere Konzepte zur Sequenzierung von SCOs angewendet werden. Je nach Absicht des Autors ist die freie Navigationsmöglichkeit oder lineare Abfolge von SCOs gewünscht und eine adaptive Sequenzierung in Abhängigkeit der Leistung eines Lernenden wird gar nicht benötigt.

5.12 Zusammenfassung

Zur Vereinfachung der Konzeption im WBT-Entwicklungs-Workflow werden den Autoren Unterstützungsmöglichkeiten in Form von Vorlagen gegeben. Diese können unter Berücksichtigung der Zielgruppe der Studierenden der FH Düsseldorf effektiv und effizient eingesetzt werden.

Für die Entwicklung solcher Vorlagen sind bestimmte Grundkenntnisse über

- didaktische Strukturen (Exposition, Exploration, Konstruktion und Kommunikation)

- technische Möglichkeiten der E-Learning Spezifikation SCORM und den Besonderheiten des LMS Aspen

- sowie Screendesign nach wahrnehmungspsychologischen Gesichtspunkten

notwendig.

Aufgrund dieser Kenntnisse wird ein grundlegendes WBT-Layout angelegt. Dieses hat 2 Orientierungsbereiche (einer ist durch Aspen für die Makroansicht vorgegeben, für die Mikroansicht einzelner Seiten muss ein weiterer angelegt werden), welche gleichzeitig zur Navigation verwendet werden, einen Content-Bereich und einen Funktionsbereich. Der Funktionsbereich beinhaltet zusätzliche Werkzeuge zur Wissenskonstruktion für Lernende. Konkret handelt es sich um:

- Hintergrundwissen (Zusatzinformationen zum eigentlichen Lerninhalt)

- Notizen

- Lesezeichen

- Glossar

- Mediathek

- Suche

Der Content-Bereich kann 3 Grundtypen von Lerninhalten haben:

- Wissenspräsentationen

- Tests

- Übungen

Unter Verwendung dieser 3 Inhaltstypen, den Strukturierungsmöglichkeiten nach SCORM und mit Lectora sowie der Werkzeuge der Wissenskonstruktion lassen sich die didaktischen Strukturen der Exposition, der Exploration und der Konstruktion in WBTs abbilden. Die Kommunikationsstruktur wird eher durch andere Werkzeuge wie Chats und Foren auf dem LMS abgebildet als bei WBTs.

Konkret lassen sich mit SCOs nach SCORM lineare Sequenzen und hierarchische Strukturen erzeugen.

Mit Lectora können innerhalb der SCOs hierarchische Kapitelstrukturen nach der Buchmetapher und lineare Sequenzen erstellt werden. Auch hypertextartige Strukturen sind möglich, aber nicht logisch/visuell abbildbar.

Konzepte zur Kursstrukturierung unter Berücksichtigung der Inhaltstypen und der Möglichkeiten von SCORM, Lectora und münden in konkreten Lernwegsequenz-vorlagen, die die Autoren beim didaktischen Design ihrer WBTs verwenden können. Diese werden auch technisch und gestalterisch soweit vorbereitet sein, dass die Autoren ihre WBT-Konzepte weitestgehend selbst mit Hilfe von Lectora umsetzen können.

Diese Sequenzvorlagen haben folgende Grundtypen:

– *lineare Sequenzen* bei allen 3 Inhaltstypen

– *Shortcut* zur Abkürzung einer linearen Sequenz bei bereits vorhandenem Wissen

– *dualer Lernweg* mit 2 parallel verlaufenden Lernpfaden (z. B. Basiswissen, vertiefendes Wissen)

– *Exkurs* mit einem Standardlernweg, von dem aus aber an bestimmten Stellen vertiefendes *Wissen* zu einem konkreten Punkt in Form eines Exkurses über einige Seiten vermittelt wird und wieder zurück zum Ausgangspunkt führt

– *Vortest* mit Verzweigung auf Lernwegempfehlungsseiten

Diese konkret mit Lectora entwickelten Seiten- und Sequenzvorlagen werden in Form eines Mastertemplates umgesetzt werden. Dies fällt aus zeitlichen Gründen nicht mehr in den Aufgabenbereich dieser Arbeit und könnte im Projekt E-Learning Workbench umgesetzt werden.

Für ein solches Mastertemplate werden SCOs mit den einzelnen funktionsfähigen Sequenzen in einem Lectora-Title angelegt. Der Autor kann sich aus dem Mastertemplate die gewünschten Sequenzen heraus kopieren und in seinem WBT verwenden.

6 Fazit und Ausblick

Ursprünglich war die Konzeption von Seiten- und Sequenzvorlagen zur Unterstützung des Konzeptionsprozesses hauptsächlich auf didaktische und gestalterische Aspekte sowie die technischen Möglichkeiten und Einschränkungen von SCORM ausgerichtet. Die Verwendung eines speziellen Werkzeuges zur Entwicklung dieser Vorlagen war nicht vorgesehen, da diese Arbeit theoretischen Charakter haben sollte. Es wurden aber universell einsetzbare Web-Entwicklungswerkzeuge wie HTML-Editoren in Verbindung mit dem Coursebuilder+ zum Erreichen der SCORM-Konformität der erstellten Kurse berücksichtigt.

Einsatz von Lectora als Autorenwerkzeug

Nach einigen Tests erwies sich jedoch Lectora als spezielles Werkzeug der Klasse der Rapid Content Development Tools für E-Learning Kurse als geeignet, um die WBT-Entwicklung besonders effizient zu machen.

Die Vergleichbarkeit von Lectora mit z. B. PowerPoint in Bezug auf einfache Bedien- und Erlernbarkeit hatte direkte Auswirkungen auf Vorschläge für Prozesse, Methoden und Teamzusammensetzung der E-Learning Workbench. Mit Hilfe von Lectora kann die Drehbucherstellung entfallen bzw. sie wird mit Lectora durchgeführt. Dies hat den Vorteil, dass bei der Feinkonzeption von Lernprogrammen direkt webfähiges Material entsteht, was einer geringeren Überarbeitung bedarf als wenn ein komplettes Drehbuch noch in webfähige Seiten umgesetzt werden muss.

Bei der Konzeption für Seiten- und Sequenzvorlagen ergaben sich einige Besonderheiten, die bei einer rein theoretischen Betrachtung wahrscheinlich nicht aufgetaucht wären. Dies betrifft Konzepte zur Kurstrukturierung unter Verwendung der Buchmetapher, nach der Lectora arbeitet und Konzepte zur Verwendung von Tests und Lernobjekten ohne Tests in Bezug auf Tracking durch das Learning Management System.

Eine Schwierigkeit, die bei der Erstellung von SCORM-kompatiblen WBTs entsteht, stellt die Verwendung des Lectora eigenen Inhaltsverzeichnisses dar. Besteht ein Kurs aus mehr als einem SCO und haben die SCOs eine Unterstrukturierung mit den Kapiteln und Unterkapiteln von Lectora, welche mit dem Lectora-Inhaltsverzeichnis im WBT-

Layout abgebildet werden, so hat ein auf Aspen laufendes WBT 2 Inhaltsverzeichnisse. Aspen stellt ein weiteres Inhaltsverzeichnis über alle SCOs eines Kurses bereit. Für Autoren stellt eine WBT-Strukturierung mit SCOs und Kapiteln, sowie Unterkapiteln keine Problem dar, da in Lectora keine 2 Inhaltsverzeichnisse erscheinen. Lernende, die diese fertigen WBTs über Aspen nutzen, könnten aber Orientierungschwierigkeiten bei 2 erscheinenden Inhaltsverzeichnissen bekommen.

Die Konzepte von SCORM und die von Lectora zur Kursstrukturierung sind nicht ohne Weiteres miteinander vereinbar. In dieser Arbeit wurde der Versuch unternommen, mit der Verwendung von SCORM-Strukturen für große Hauptkapitel und Lectorakonzepten für Strukturen auf tieferer Hierarchieebene diese beiden Vorstellungen miteinander zu verbinden.

In der praktischen Anwendung, also wenn tatsächlich Content in WBTs überführt wird, wird sich zeigen, ob das Konzept zur Verbindung von SCORM- und Lectorastrukturen, tatsächlich funktionieren kann. Möglicherweise wird sich ergeben, dass durch Verwendung von speziellen SCOs als Übungen und Tests zu den eigentlichen Wissens-präsentations-SCOs insgesamt so viele SCOs entstehen, dass der Gesamtkurs unüber-sichtlich wird. Die Aufteilung in mehrere SCOs könnte auch bei einigen Zusatz-funktionen zu Problemen führen, da keine Verweise von einem SCO auf ein anderes existieren dürfen.

Auch ergibt sich ein Problem bei der Verwendung von Umlauten bei Namen von SCOs, Lectora-Kapiteln und Seiten. Diese werden durch nicht vorhersehbare Zeichen beim Export nach SCORM ersetzt. Insbesondere bei ein SCO mit einem Umlaut im Titel schreibt Lectora ein Zeichen statt des Umlautes in die Manifestdatei, welches Aspen nicht erkennt. Dadurch wird ein Publizieren des entsprechenden WBTs auf Aspen verhindert. Autoren müssen also beim direkten Export nach SCORM darauf achten, in SCO-, Kapitel- und Seitennamen keine Umlaute zu verwenden.

Erstellung eines Mastertemplates

Wie bereits in der Zusammenfassung des letzten Kapitels erwähnt, existieren bisher nur theoretische Vorlagen für die WBT-Konzeption. Für die praktische Anwendung dieser ist die Erstellung eines Mastertemplates mit Seiten- und Sequenzvorlagen in Lectora erforderlich.

Die Seitenvorlagen beziehen sich mehr auf das Design, die Sequenzvorlagen stellen didaktische Sequenzvorlagen dar und weisen bestimmte Grundfunktionalitäten in Bezug auf Navigation und Tests dar.

Für Seitenvorlagen mit genau positionierten Feldern, wo Texte eingesetzt werden sollen, können in Lectora Textfelder angelegt werden und deren Position fest verankert werden. Ebenso verhält es sich z. B. mit speziellen Logos oder Navigationselementen, die auf jeder Seite in **alex**-WBTs vorkommen sollen. Leider können diese Verankerungen auch von Autoren wieder gelöst werden. Es besteht nicht die Möglichkeit, Lectora in verschiedenen Modi (z. B. für Entwickler mit allen Funktionen und für Autoren mit eingeschränktem Funktionsumfang) zu betreiben.

Autoren können gewünschte einzelne Vorlagen aus diesem Master-Lectora-Title in ihren eigenen mit Lectora kreiirten Lernprogrammen verwenden. Das vorgegebene Grund-Screendesign sollte aufgrund einer beabsichtigten erkennbaren Corporate Identity der für das Lernportal **alex** erstellten WBTs auf jeden Fall beibehalten werden.

Weiterbildungsmaßnahmen für WBT-Autoren

Damit Hochschuldozenten in der Lage sind, für ihre Lehrveranstaltungen eigene Lernprogramme mit Lectora zu erstellen, sind Weiterbildungsmaßnahmen notwendig.

Es müssen Einführungsveranstaltungen zur Bedienung von Lectora und zur Verwendung des Mastertemplates entwickelt werden. Ein Teil dieser Weiterbildungsmaßnahmen sollte in Präsenzveranstaltungen durchgeführt werden. Des Weiteren könnte z. B. ein WBT mit Lectora zur Verwendung von Lectora und dem Mastertemplate erstellt werden, welches über **alex** jederzeit für die zukünftigen Autoren aufrufbar ist.

Das generelle Interesse und die Bereitschaft der Hochschuldozenten, webbasierte Lernsoftware für das Lernportal **alex** zu konzipieren, stellen bisher noch ungeklärte Punkte dar. Diese könnten im Rahmen von Weiterbildungsmaßnahmen ermittelt werden, wenn ihnen die Methoden, Werkzeuge und Prozesse der **alex**-Workbench erläutert werden.

Guided Tour zur Bedienung der WBTs

Für Lernende wäre eine Guided Tour zur Bedienung der **alex**-WBTs eine unterstützende Maßnahme, welche deren Akzeptanz von Lernprogrammen erhöhen kann. Eine solche Guided Tour sollte entwickelt werden, sobald die ersten einsatzfähigen, an der FH Düsseldorf erstellten WBTs zur Distribution vorliegen.

Assetmanagement

Bei der Entwicklung von WBTs fallen viele Mediassets an, die in weiteren WBTs wiederverwendet werden können. Daher empfiehlt es sich, ein Konzept zur Assetverwaltung zu entwerfen. Die Assets sollten z. B. bei der Erstellung mit bestimmten Metadaten versehen werden, um später in einer Datenbank leicht identifizierbar zu sein. Welche Metadaten zu Pflichtdaten werden, wird in einem solchen Konzept zum Assetmanagement definiert.

Theoretische Seiten- und Sequenzvorlagen als Grundlage für weitere Entwicklungen

Diese Arbeit entstand in der Hoffnung, dass sie als Basis für weitere Entwicklungen der **alex** E-Learning Workbench dienen kann und begann daher in Zusammenarbeit mit dem **alex**-Team. In späteren Phasen befasste sich das **alex**-Team vorwiegend mit der Konzeption und Umsetzung der Zusatzfunktion und deren Einbindbarkeit direkt in Lectora. Ebenso wurde das Screendesign weiterentwickelt.

Parallel dazu befasste sich diese Arbeit mehr mit der theoretischen Entwicklung der genannten Sequenzvorlagen unter didaktischen und technischen Gesichtspunkten.

Diese Vorlagen und das technisch/gestalterische Rahmenwerk der **alex**-WBTs müssen nun wieder zusammengeführt werden, bis die **alex** E-Learning Workbench ihre richtige WBT-Produktion aufnehmen kann.

Schlusswort

„Imagination is more important than knowledge, for knowledge is limited while imagination embraces the entire world."

-- Albert Einstein

Abbildungsverzeichnis

Tabellenverzeichnis

Literaturverzeichnis

[AdLRun2001] ADL Technical Team: *The SCORM Run-Time Environment*, 2001, http://www.adlnet.org/index.cfm?fuseaction=DownFile&libid=40&bc=false, Abruf am 12.9.2003

[Back2001] Andrea Back et al.: *E-Learning im Unternehmen*, Orell Füssli Verlag AG, Zürich, 2001

[Back2002] Andrea Back et al.: *E-Learning - Ein Wörterbuch*, Orell Füssli Verlag AG, Zürich, 2002

[BLK2002] Bund-Länder-Kommission für Bildungsplanung und Forschungsförderung: *Breiter Einsatz neuer Medien in der Hochschullehre*, 2002, http://www.blk-bonn.de/papers/ strategiepapier_neue_medien_hochschule.pdf, Abruf vom 4.8.2003

[Brake2000] Christoph Brake: *Politikfeld Multimedia - Multimediale Lehre im Netz der Restriktionen*, Waxmann Verlag GmbH, Münster [u.a.], 2000

[Campus2003] Deutsche Welle: *Studieren in Köln - Die größte Universität Deutschlands*, 2003, http://www.campus-germany.de/german/4.21.3.87.html, Abruf am 19.11.2003

[CKKLW2003] Marc Cieslik, Nadine Kämper, Sabine Kunigowski, Simone Lambertz, Daniel Wörhoff: Interner Projektbericht *Konzept: WBTs für alex nach dem SCORM-Standard*, Düsseldorf, 2003, Konzept: WBTs für alex nach dem SCORM-Standard (29.10.2003).doc

[CNM2002] Elke Middendorf: *Computernutzung und Neue Medien im Studium*, 2002, http://www.bmbf.de/pub/computernutzung_und_neue_medien_im_studium.pdf, Abruf am 9.9.2003

[Coen2001] Olaf Coenen: *E-Learning-Architektur für universitäre Lehr- und Lernprozesse*, Josef-Eul-Verlag, Lohmar [u.a.], 2001

[CT2003] Anne Schneller: *E-Learning tritt auf der Stelle*, In Christian Heise et al.: c't 5/2003, Heise Zeitschriften Verlag GmbH & Co. KG, Hannover, 2003

[EM2003] Alexandra Escobar, Thomas Molck: *Einsatz von E-Learning als Ergänzung zu den Lehrveranstaltungen der Studieneingangsphase an der FH Düsseldorf*, 2003, http://zora.mki.fh-duesseldorf.de/publikationen/elearning2003/abschlussbericht1.pdf, Abruf vom 13.8.2003

[GL2001] Global Learning: *Glossar*, 2001, http://www.global-learning.de/g-learn/cgi-bin/gl_userpage.cgi?StructuredContent=ml0801, Abruf am 18.9.2003

[Grue2002] Ines Grützner: *IntView – Eine systematische Vorgehensweise zur Entwicklung qualitativ hochwertiger Lernsoftware*, 2002, http://www.iese.fraunhofer.de/pdf_files/iese-023_02.pdf, Abruf am 6.10.2003

[Hess2003] Kai Hessing: *Konzeption und Entwicklung eines Pilotsystems zur Erstellung standardisierter E-Learningkurse unter Berücksichtigung aktueller Normen und Richtlinien*, Düsseldorf, 2003

[Holz2001] Andreas Holzinger: *Basiswissen Multimedia, Lernen : kognitive Grundlagen multimedialer Informationssysteme*, Vogel, Würzburg, 2001

[Jones2002] Edward R. Jones: *Implications of SCORM and Emerging E-learning Standards On Engineering Education*, 2002, http://www.tamucc.edu/~ejones/papers/ASEE02.pdf, Abruf vom 7.10.2003

[Jones2003] Edward R. Jones: *SCORM Content Development Course*, 2003, http://www.jcasolutions.com/SC12/course/concepts/advanced/navigation2.html#linear, Abruf am 2.9.2003

[Kerr2001] Michael Kerres: *Multimediale und telemediale Lernumgebungen*, Oldenbourg Verlag, München [u.a.], 2001

[Kerr2002] Michael Kerres: *E-Learning. Didaktische Konzepte für erfolgreiches Lernen*, 2002, http://www.edumedia.uni-duisburg.de/publications/jahrb-pe-wb-b.pdf

[Kerr2003] Michael Kerres: *Wirkungen und Wirksamkeit neuer Medien in der Bildung*, In R. K. Keill-Slawik, M. (Ed.): Education Quality Forum. Wirkungen und Wirksamkeit neuer Medien, Waxmann, Münster, 2003

[KKPSS2003] Nadine Kämper, Sabine Kunigowski, Hae-Eun Park, Frank Schweizerhoff, Achim Strommenger: Interner Projektbericht Fachgebiet Prof. Dr. Marmann *SCORM-Workflow*, Düsseldorf, 2003, Scormworkflow_gesamt.doc

[KOPF2003] E-Learning AG der FH Düsseldorf: *Wissenssysteme und E-Learning - Ein Implementationsmodell*, Düsseldorf, 2003, KOPF_Antrag_01.04.2003.pdf

[Krin2002] Jeff Krinnock: *Mr. Krinnock's presentation about sequencing in SCORM*, 2002, http://www.isn.ethz.ch/ADL-WG/documents/ Mr. Krinnock's presentation about sequencing in SCORM.ppt, Abruf am 6.11.2003

[MaHa2002] Kornelia Maier-Häfele, Hartmut Häfele: *Autorenwerkzeuge für Learning Content*, 2002, http://www.virtual-learning.at/publikationen/Learning-Content-Autorenwerkzeuge.pdf, Abruf am 7.12.2003

[Mar2003] Michael Marmann: *alex LMS - Ein E-Learning Portal für die Fachhochschule Düsseldorf*, In Digitale Stadt Düsseldorf: e-learning Düsseldorf - Startschuss für die neue Bildung, o.A., Düsseldorf, 2003

[MBKW2003] Michael Marmann, Thomas Bonse, Nadine Kämper, Martin Wegmann: Interner Projektbericht *Streaming Labor*, Düsseldorf, 2003, Streaming Report_final.doc

[MEDK2002] FH Düsseldorf, Fachbereich Medien: *Medienkonzept des Fachbereiches Medien*, Düsseldorf, 2002, Medienkonzept_FB8_4.7.2002.pdf

[Mill1956] George A. Miller: *The magical number seven, plus or minus two: Some limits on our capacity for processing information*, 1956, http://www.well.com/user/smalin/miller.html, Abruf am 30.8.2003

[Schr98] Alfred Schreiber: *CBT-Anwendungen professionell entwickeln*, Springer Verlag, Berlin [u.a.], 1998

[Schul2001] Rolf Schulmeister: *Virtuelle Universität Virtuelles Lernen*, Oldenbourg Verlag, München [u.a.], 2001

[Schul2002] Rolf Schulmeister: *Grundlagen hypermedialer Lernsysteme*, Oldenbourg Verlag, München [u.a.], 2002

[Schul2003] Rolf Schulmeister: *Lernplattformen für das virtuelle Lernen*, Oldenbourg Verlag, München [u.a.], 2003

[SCORMBest2003] o.V.: *SCORM Best Practices Guide for Content Developers*, 2003, http://www.lsal.cmu.edu/lsal/expertise/projects/developersguide/developersguide/guide-v1p0-20030228.pdf, Abruf vom 9.9.2003

[SIM2001] Klaus Schnitzer, Wolfgang Isserstedt, Elke Middendorff: *Die wirtschaftliche und soziale Lage der Studierenden in der Bundesrepublik Deutschland 2000, 16. Sozialerhebung des Deutschen Studentenwerks durchgeführt durch HIS Hochschul-Informations-System*, 2001, http://www.studentenwerke.de/se/2001/Soz16Ges.pdf, Abruf am 25.11.2003

[Sloss2002] Steve Slosser: *ADL and the Sharable Content Object Reference Model (SCORM)*, 2002, http://www.jointadlcolab.org/ADL and SCORM.ppt, Abruf am 2.9.2003

[Thiss2000] Frank Thissen: *Screen Design Handbuch*, Springer-Verlag, Berlin [u.a.], 2000

[Tulod2001] Gerhard Tulodziecki: *Medienkompetenz als Ziel schulischer Medienpädagogik*, In FWU Institut für Film und Bild: BLK-Modellversuchsprogramm "Systematische Einbeziehung von Medien, Informations- und Kommunikationstechnologien in Lehr- und Lernprozesse" (SEMIK)Fachtagung "Medienkompetenz" Arbeitspapiere, Materialien und Ergebnisse, o.A., Grünwald, 2001

[Wen2003] Matthias Wendt: *Praxisbuch CBT und WBT konzipieren, entwickeln, gestalten*, Carl Hanser Verlag, München [u.a.], 2003

[ZIEL2002] FH Düsseldorf: *Ziel- und Leistungsvereinbarungen zwischen dem Land NRW und der Fachhochschule Düsseldorf*, Düsseldorf, 2002, Zielvereinbarungen FHD Stand 290402.doc

Anhang

Anhang 1: SCO ohne Testkapitel

Lectora verlangt die Aktion „Exit Title/Close Window" bei einem SCO, damit der Kurs nach SCORM exportiert werden kann. Diese Aktion erzeugt den Befehl *LMSFinish()*. Damit der Status eines SCO auf „Abgeschlossen" gesetzt werden kann, muss eine weitere Aktion eingefügt werden: „Modify Variable" mit dem Ziel „AICC-_lesson_status" und dem Wert „completed".

Quelltext des Beispiel-Buttons „Exit" mit Funktion „Exit Title/Close Window" und „Modify Variable", in rot die Funktion in Java-Script, in blau die SCORM-Funktionen *LMSFinish()* und *AICC_Lesson_Status.set('completed')*:

```
function doQuit(){
    MySetValue( "cmi.core.exit", "logout" );
    computeTime();
    saveVariable( 'TrivantisEPS', 'T' );
    var result;
    result = LMSCommit();
    finishCalled = true;
    result = LMSFinish();
    saveVariable( 'TrivantisSCORMTimer', 0 );
}

button1132 = new ObjButton('button1132','Exit',735,570,60,25,1,51)

button1132.setImages
('images/exitupf.gif','images/exitdownf.gif','images/exitoverf.gif')

button1132.onUp = new Function("AICC_Lesson_Status.set('completed'); if
(CMI_Core_Exit.equals('suspend'))setTimeout( \"{saveVariable( 'TrivantisEPS', 'T');
if(cleanupTitle('referenzkurs2')) doQuit(); else window.close();}\", 2000); ")

button1132.capture=4

button1132.build()
```

Die Aktionen „Exit Title/Close Window" und „Modify Variable" werden am einfachsten an einen Button angehangen, der den Hinweis Kapitel abschließen hat. Untere Abbildung zeigt den Button mit den beiden Aktionen in Lectora.

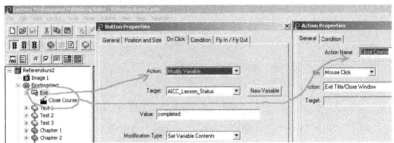

Abbildung 59 Exit Title und Modify Variable AICC-lesson_status

Anhang 2: SCO mit Testkapitel

Bei einem SCO mit Testkapitel, also eines, was vom LMS bewertet werden kann, ist zusätzlich zu „Exit Title/Close Window" die Aktion „Submit Score" mit dem der Variable „Testfragenkapitel_Score" notwendig (Standardmäßig bei Einrichten eines Testkapitels als Eigenschaft des „Done"-Buttons auf dessen letzter Seite vorhanden). Das Testfragenkapitel muss mit „grade test" versehen werden, um den Wert „Testfragenkapitel_Score" an das LMS übermitteln zu können. Der Wert beinhaltet die erreichte Punktzahl des Lernenden nach Abschluss des zugehörigen Tests.

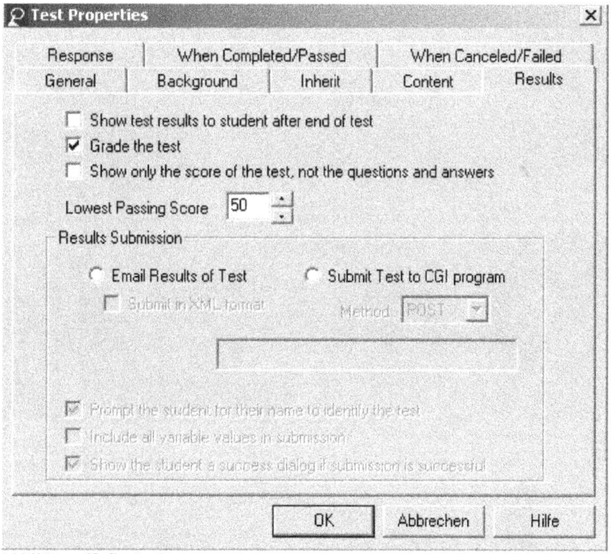

Abbildung 60 Grade the test

In Abhängigkeit von der erreichten Punktzahl kann der Status des SCOs auf „passed" oder „failed" gesetzt werden. Dies wird durch Anhängen der folgenden Aktionen an den Standard-Submit-Button („Done") eines Testkapitels z. B. mit der zu erzielenden Mindestpunktzahl von 50 erreicht:

- Modify Variable, AICC_lesson_status= passed mit der Bedingung Testfragenkapitel_Score größer oder gleich 50

- Modify Variable, AICC_lesson_status= failed mit der Bedingung Testfragenkapitel_Score kleiner als 50

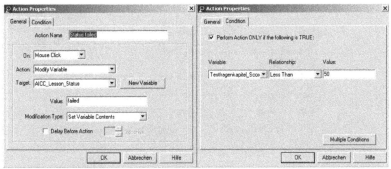

Abbildung 61 Status "failed"

Der „Done"-Button erhät für Status „failed" folgende Javascript-Funktion nach dem Publizieren:

button723.onUp = new Function("processTest();if(Testfragenkapitel_Score.lessThan ('50'))AICC_Lesson_Status.set('failed');...........

Für Status „passed" sollte etwas wie *Testfragenkapitel_Score.equals ('50') or Testfragenkapitel_Score.greaterThan('50')* im Quellcode stehen, aber es findet sich Folgendes:

if(!Testfragenkapitel_Score.lessThan('50'))AICC_Lesson_Status.set('passed'); ")

Das Testen des Kurses mit dem zugehörigen Passed/Failed-Test auf Aspen führte aber dennoch zum gewünschten Ergebnis, wenn über 50% der Fragen richtig beantwortet wurden.

Beim Publizieren nach SCORM muss Folgendes abgehakt sein, wenn der Kurs Testergebnisse an das LMS übermitteln soll:

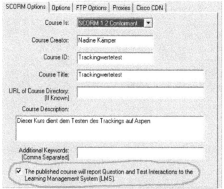

Abbildung 62 Publizieren mit Testergebnisübermittlung

Anhang 3: Änderung der imsmanifest.xml zur Verschachtelung von SCOs

```
<item identifier="I_A004" identifierref="A004">
  <title>Einstiegstest</title>
  <timelimitaction>continue,no message</timelimitaction>
  <masteryscore>75</masteryscore>
</item>
<item identifier="I_A002" identifierref="A002">
  <title>Standardsequenz 1 mit Exkurs</title>
  <timelimitaction>continue,no message</timelimitaction>
  <masteryscore>75</masteryscore>
</item>
<item identifier="I_A006" identifierref="A006">
  <title>Standardsequenz 1.1</title>
  <timelimitaction>continue,no message</timelimitaction>
  <masteryscore>75</masteryscore>
</item>
<item identifier="I_A008" identifierref="A008">
  <title>Standardsequenz 1.2.1</title>
  <timelimitaction>continue,no message</timelimitaction>
  <masteryscore>75</masteryscore>
</item>
<item identifier="I_A009" identifierref="A009">
  <title>Standardsequenz 1.2.2</title>
  <timelimitaction>continue,no message</timelimitaction>
  <masteryscore>75</masteryscore>
</item>
<item identifier="I_A007" identifierref="A007">
  <title>Standardsequenz 1.2</title>
  <timelimitaction>continue,no message</timelimitaction>
  <masteryscore>75</masteryscore>
</item>
<item identifier="I_A005" identifierref="A005">
  <title>Abschlusstest</title>
  <timelimitaction>continue,no message</timelimitaction>
  <masteryscore>75</masteryscore>
</item>
```

Abbildung 63 imsmanifest.xml (Ausschnitt SCOs) unverändert

```
<item identifier="I_A004" identifierref="A004">
  <title>Einstiegstest</title>
  <timelimitaction>continue,no message</timelimitaction>
  <masteryscore>75</masteryscore>
</item>
<item identifier="I_A002" identifierref="A002">
  <title>Standardsequenz 1 mit Exkurs</title>
  <timelimitaction>continue,no message</timelimitaction>
  <masteryscore>75</masteryscore>
      <item identifier="I_A006" identifierref="A006">
        <title>Standardsequenz 1.1</title>
        <timelimitaction>continue,no message</timelimitaction>
        <masteryscore>75</masteryscore>
      </item>
      <item identifier="I_A007" identifierref="A007">
        <title>Standardsequenz 1.2</title>
        <timelimitaction>continue,no message</timelimitaction>
        <masteryscore>75</masteryscore>
          <item identifier="I_A008" identifierref="A008">
            <title>Standardsequenz 1.2.1</title>
            <timelimitaction>continue,no message</timelimitaction>
            <masteryscore>75</masteryscore>
          </item>
          <item identifier="I_A009" identifierref="A009">
            <title>Standardsequenz 1.2.2</title>
            <timelimitaction>continue,no message</timelimitaction>
            <masteryscore>75</masteryscore>
          </item>
      </item>
</item>
<item identifier="I_A005" identifierref="A005">
  <title>Abschlusstest</title>
  <timelimitaction>continue,no message</timelimitaction>
  <masteryscore>75</masteryscore>
</item>
```
Abbildung 64 imsmanifest.xml mit in einander verschachtelten SCOs

Abbildung 65 Ergebnis der Verschachtelung
im Aspen Content Player

Anhang 4: Dualer Pfad in Lectora

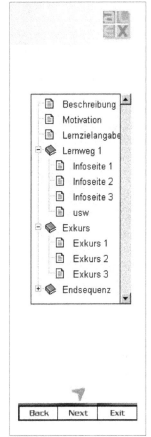

Ein dualer Lernweg kann in Lectora aufgrund der Buchmetapher nicht logisch (parallel zum Standardweg) dargestellt werden.

In links abgebildeten Beispiel erfolgt eine Verzweigung vom Standardlernweg (Lernweg 1) von Infoseite 1 aus durch Klick auf den Pfeil über dem Next-Button. Der Lernende springt dadurch zur ersten Seite des Exkurs-Kapitels. Die Einsortierung in Lectora-Kapitel dient der besseren Übersicht für den Autor. Außerdem lassen sich einzelne Seiten nur vor Lectora-Kapitel anlegen, was nicht unbedingt gewünscht ist, denn diese werden zuerst vom LMS bei Starten des entsprechenden SCOs aufgerufen.

Abbildung 66 Exkurspfad in Lectora

Lebenslauf

Name: Nadine Kämper

Geburtsdatum: 20.12.1977 in Köln

Wohnort: Bürgerstr. 25
40219 Düsseldorf
Tel.0211/1712487
e-mail: nadine@netsonique.de

Angestrebter
Aufgabenbereich: Konzeption und Implementierung von E-Learning Angeboten
Web- und Multimediakonzeption
Lehrtätigkeiten im Multimediabereich

Schulausbildung: Von August 1988 bis Juni 1997
Albertus-Magnus-Gymnasium Bensberg

Schulabschluß: Allgemeine Hochschulreife

Studium: Photoingenieurwesen FH Köln ab WS 1997/98 bis SS 99
Medientechnik FH Düsseldorf ab WS 99/00

Diplom 29.01.2004 (Gesamtnote 1,2)

Akad.-Grad: Diplom-Ingenieurin (FH)

Gremienarbeit: November 2001 bis Ende August 2003
Mitglied Fachbreichsrat Medien

Praktika/Jobs: Januar 1995 WDR Köln, EB- und Filmaufnahme

Anfang Mai bis Ende Juli 1997 Foto Sander Köln
Laborarbeit im SW-, Color- und Reprolabor

Februar/ März 1998
Agfa Beratungsservice Köln
Kundenberatung, Bedienung Minilab für Standardfotoabzüge

Von Ende Juli bis Ende September1998 Repro Eichler Köln
Anfertigung von Colorkopien, Fotostudioaufnahmen,
Fotolabortätigkeiten
Anschließend Weiterarbeit als studentische Hilfskraft bis Ende
August 1999

Mitte Juli bis Ende Oktober 2000 Ton-Art, Düsseldorf
Studentische Hilfskraft als Netzwerkadministrator

November 2000 bis Dezember 2001
Studentische Hilfskraft FH Düsseldorf
Netzwerk- und Systemadministration Multimedia- und
E-Learninglabor

März 2002 bis Mitte Juli 2002 WDR Köln
Praktikum Programmgruppe Wissenschaft und Ökologie
Redaktion Hobbythek
Websitebetreuung, Recherche für Drehbücher

Oktober 2002 bis Dezember 2002
Studentische Hilfskraft FH Düsseldorf
Projekt Surprixmedia/Ultramarine (Forschungsprojekt des Landes
NRW)
Websitedesign und -konzeption, Aufbau einer Rechnerarchitektur für
Livestreaming

März 2003 bis August 2003 E-Plus
Studentische Hilfskraft im Bereich Networkintegration,
Endgerätetestlabor
Tests von neuen Mobiltelefonen

Düsseldorf, den 01.03.2004

Projekterfahrungen und besondere Kenntnisse

Multimedia

umfassende Kenntnisse in **Website-/CD-ROM-Konzeption**

- z.B. bei CD-ROM über den Fachbereich Medien der Fachhochschule Düsseldorf
- Website des Fachbereichs Medien der FH Düsseldorf (http://www.medien.fh-duesseldorf.de)
- Wirelesswave, Lifestyle-Website zum Thema Mobile Multimedia (http://www.wirelesswave.de)
- Surprixmedia, Website eines Projektes zur Erforschung neuer Präsentationsmedien (http://www.surprixmedia.de)
- außerdem Design der Website Suprixmedia und Aufbau dieser Site mit Hilfe des Content Management Systems ZOPE
- 2 eigene Websites (http://www.netsonique.de, http://www.substream.de)
- Umstrukturierung der Intranetseiten des Ministeriums für Wissenschaft und Forschung des Landes NRW
- Recherche, Auswahl und Aufbereitung neuer Materialien für die Website der Hobbythek (http://www.hobbythek.de)

sehr gute Kenntnisse in **Streaming Media**

- Aufbau der Server-/Encoder-Rechnerarchitektur
- Aufbereitung von Videomaterialien für On-Demand und Livestreaming
- u.a. bei Livestreaming des Projektes Sub-Art des FB Design der FH Aachen aus Kroatien von unter Wasser mit einer Realarchitektur
- Livestreaming vom Messesstand des Forschungsprojektes Ultramarine (Zusammenarbeit von Sub-Art, FB Design, FH Aachen und Surprixmedia, FB Medien und Maschinenbau, FH Düsseldorf, auf der Boot 2003) unter Verwendung des Quicktimeformates
- Erstellung einer Serverarchitektur unter Windows 2000 Server mit dem Helix Universal Server von RealSystems und Aufbereitung von Videomaterialien eines Lernprogrammes mit dem Realproducer für die Victoria-Versicherung

Erfahrungen in **Unterwasseraufnahmen** mit Foto- und Videokameras bis zu 10m Tiefe

- z.B. bei Sub-Art in Kroatien

umfassende praktische Erfahrungen in **Mobile Multimedia**

- bei Tätigkeit im Endgerätetestlabor von E-Plus
- Erstellung einer i-Mode Site als Stadtführer für Köln (http://www.i-cologne.de.vu)

E-Learning

weitreichende Erfahrung in **Konzeption von Lernangeboten**

- z.B. Konzeption von Infoservices für ein Lernportal (https://alex.fh-duesseldorf.de)
- Entwicklung von zusätzlichen Funktionen (Glossar, Notizen, Medienarchiv, Suchfunktionen, etc.) für Web Based Trainings
- Diplomarbeit „Konzeption einer E-Learning Workbench für die Fachhochschule Düsseldorf - Konzepte und Modelle zur Unterstützung der WBT-Entwicklung an Hochschulen": Vorgehensmodell zur Entwicklung von eigenen Web Based Trainings

sehr gute Kenntnisse in **E-Learning Spezifikationen**

- Analyse des SCORM (Sharable Content Object Reference Model) im Rahmen eines Studienprojektes

Erfahrung in

- Umgang und Administration mit Learning Management System Aspen
- Erstellung von Lernprogrammen mit Autorensoftware Lectora

Hard- und Software

Netzwerk- und Systemadministration

sehr gute Kenntnisse in heterogenen Netzwerken mit Windows- und Applerechnern (Hard- und Software)

- Windows 98, NT, 2000, XP
- Mac OS 9.x, X.x
- Streamingserver Helix von RealSystems

Bildbearbeitung

- ausgezeichnete Kenntnisse in Photoshop

Videobearbeitung

Kenntnisse in

- Premiere
- Final Cut Pro

  Real Producer
- Quicktime Broadcaster

Web und Websprachen

sehr gute Kenntnisse in

- Homesite
- Dreamweaver
- HTML
- SMIL
- Content Management System ZOPE mit Beschreibungssprache DTML

theoretische Kenntnisse in Datenbanken und SQL

Officesuiten

- ausgezeichnete Kenntnisse in Open Office und Microsoft Office
- Erfahrung im Umgang mit Lotus Notes
- Kenntnisse in Adobe Acrobat

E-Learning Software

- sehr gute Kenntnisse in Autorensoftware Lectora
- gute Kenntnisse in Learning Management System Aspen

Sonstiges

Fremdsprachen
- Englisch fließend
- Französisch sehr gut

gestalterische Fähigkeiten
- Webdesign
- Bleistiftzeichnungen
- Aquqarell

Führerschein Klasse 3

Tauchschein CMAS**

Wissensquellen gewinnbringend nutzen

Qualität, Praxisrelevanz und Aktualität zeichnen unsere Studien aus. Wir bieten Ihnen im Auftrag unserer Autorinnen und Autoren Wirtschaftsstudien und wissenschaftliche Abschlussarbeiten – Dissertationen, Diplomarbeiten, Magisterarbeiten, Staatsexamensarbeiten und Studienarbeiten zum Kauf. Sie wurden an deutschen Universitäten, Fachhochschulen, Akademien oder vergleichbaren Institutionen der Europäischen Union geschrieben. Der Notendurchschnitt liegt bei 1,5.

Wettbewerbsvorteile verschaffen – Vergleichen Sie den Preis unserer Studien mit den Honoraren externer Berater. Um dieses Wissen selbst zusammenzutragen, müssten Sie viel Zeit und Geld aufbringen.

http://www.diplom.de bietet Ihnen unser vollständiges Lieferprogramm mit mehreren tausend Studien im Internet. Neben dem Online-Katalog und der Online-Suchmaschine für Ihre Recherche steht Ihnen auch eine Online-Bestellfunktion zur Verfügung. Inhaltliche Zusammenfassungen und Inhaltsverzeichnisse zu jeder Studie sind im Internet einsehbar.

Individueller Service – Gerne senden wir Ihnen auch unseren Papierkatalog zu. Bitte fordern Sie Ihr individuelles Exemplar bei uns an. Für Fragen, Anregungen und individuelle Anfragen stehen wir Ihnen gerne zur Verfügung. Wir freuen uns auf eine gute Zusammenarbeit.

Ihr Team der Diplomarbeiten Agentur

Diplomica GmbH
Hermannstal 119k
22119 Hamburg

Fon: 040 / 655 99 20
Fax: 040 / 655 99 222

agentur@diplom.de
www.diplom.de